La Rioja

Spaniens Weinregion

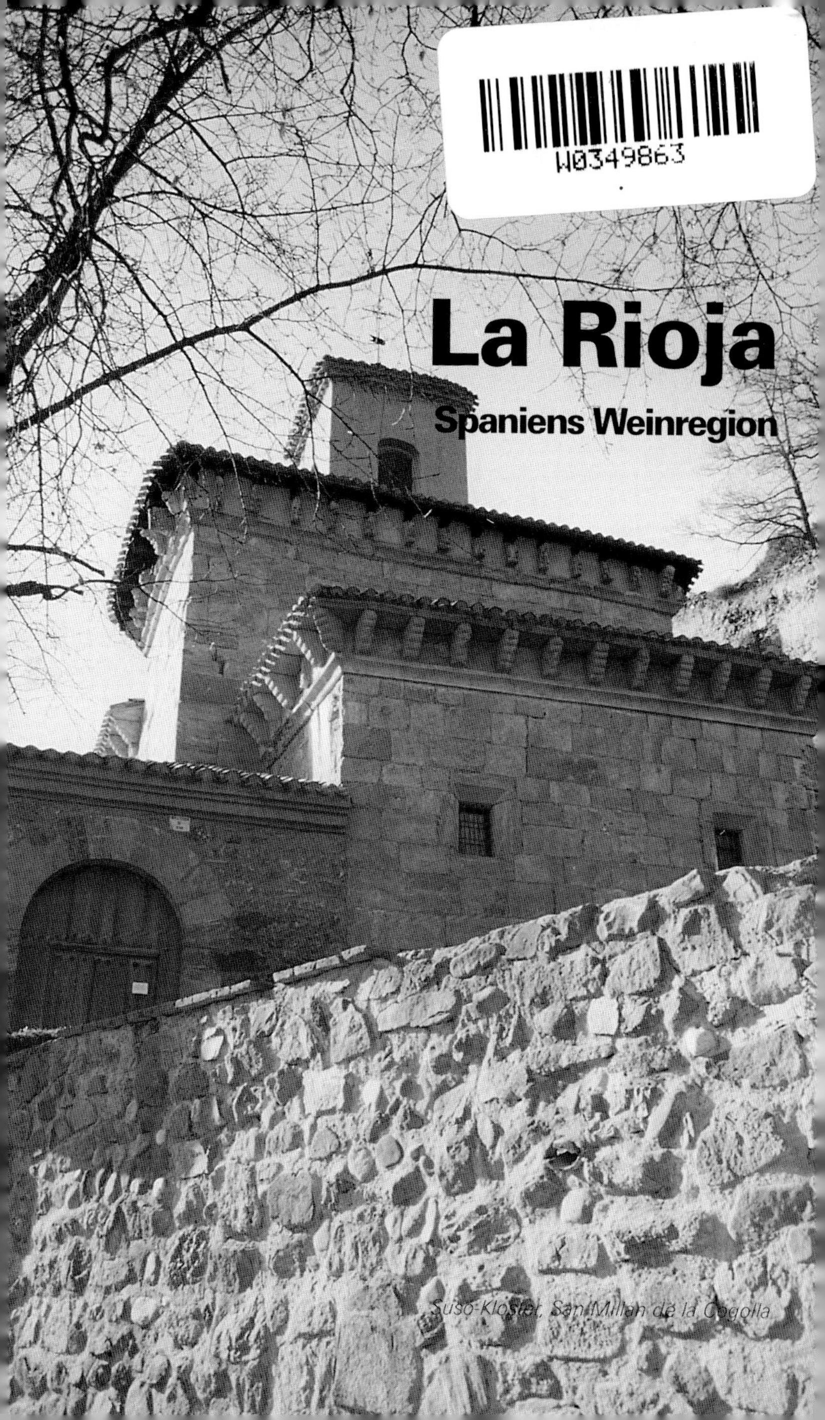

Suso-Kloster, San Millán de la Cogolla

Ebro bei Rincón de Soto

Fotos: Andreas Drouve, Christina Doria-Drouve
Karten: Horst Stelter

Dieses Buch ist Jesús, María Elena, Antonio, Elena und Ana gewidmet

Es ist zu beachten, daß sich in Rioja Adressen, Telefonnummern, Serviceleistungen etc. ändern können. Für Anregungen und Hinweise sind Autor und Verlag dankbar. Verwertbare Tips werden mit einem Freiexemplar der nächsten Auflage oder mit einem Buch desselben Autors aus der Edition Aragon belohnt.

Edition Aragon
Verlagsgesellschaft mbH
Neumarkt 7-9
D-47441 Moers
Lektorat: Reiner Broden
DTP: S&ES, Vettelschoß
Belichtung: Klaußner, Köln
Druck: DAN, Slowenien
ISBN: 3-89535-054-0

Inhaltsverzeichnis

Willkommen in La Rioja

Ihr edler Rebensaft hat die Rioja weltberühmt gemacht. Hier ist der Wein noch Wein und kein gezuckerter Schlummertrunk. Hier ist Spanien noch Spanien und keine mit Hotelsilos versetzte Landmasse. Hier wendet sich der Blick vom spektakulären zum urwüchsigen Spanien, bei dem sich im Kleinen Größe entdecken läßt.

Die nordspanische Region La Rioja ist eine von 17 Autonomen Gemeinschaften des Landes und umfaßt rund 5000 Quadratkilometer. Die landschaftliche Vielfalt reicht von den Ufern des Ebro bis zu den markanten Höhenzügen der Sierra de la Demanda und der Sierra de Cameros. La Rioja steht auch für erhabene Klöster und Kirchen, fruchtbare Felder und einen freundlichen Menschenschlag mit einem ausgeprägten Faible für Fiestas und Traditionen. Vielerorts findet man ein bäuerlich-rurales Gepräge, stille Winkel und eine beschauliche Szenerie. Man muß die Bereitschaft haben, sich auf Begegnungen dieser Art einzulassen und wird gleichwohl erstaunt sein über den Facettenreichtum in der Rioja.

Ein Bodegabesuch ist obligatorisch. Doch nicht nur die Kenner von Wein und kulinarischen Spezialitäten kommen auf ihre Kosten. La Rioja wird vom bekannten Jakobsweg durchlaufen, der gesäumt ist von baugeschichtlich wertvollen Kunstwerken. Gebirgswanderer durchstreifen die Sierras zwischen Ezcaray und Carnago.

Die Rioja bietet von jedem etwas und noch mehr. Schließlich stand hier die Wiege des Spanischen und der kastilischen Poesie. Und außerdem gelangt man im Süden der Region zum größten und wichtigsten Gebiet mit Dinosaurierspuren in Europa; rund 5000 mächtige Fußabdrücke der urzeitlichen Riesen sind bis heute entdeckt.

Dieses Buch will neugierig machen auf ein fast unbekanntes Stück Spanien auf halbem Wege zwischen den historischen Königreichen Aragonien und Navarra sowie Altkastilien. Es ist gleichzeitig ein Buch gegen die Eile im kurzatmigen Tourismusgeschäft und gegen landläufige Klischees. Und zudem ist es ein Stück Neuland auf dem deutschsprachigen Buchmarkt.

Andreas Drouve

Kleine Landeskunde

Geographie

Die Autonome Gemeinschaft La Rioja liegt im nördlichen Spanien zwischen dem Iberischen Randgebirge und dem Tal des **Ebro**. Die Rioja erstreckt sich über eine Fläche von 5 034 Quadratkilometern und wird begrenzt von Navarra, dem Baskenland (Provinz Alava), Aragonien (Provinz Zaragoza) sowie Castilla y León (Provinzen Burgos und Soria).

Die Region bildet einen natürlichen Übergang zwischen den Gebirgszügen des Nordens und der kastilischen Hochebene. Die Höhenlagen schwanken zwischen 300 und 2 200 Metern über NN. Dies deutet Vielfalt und Facettenreichtum an.

Es gibt die bergige und feuchte Obere Rioja (**Rioja Alta**), die sich von den Ausläufern der Sierra de la Demanda bis zum Río Ebro ausbreitet. Die Zone steht damit im krassen Gegensatz zur Unteren Rioja (**Rioja Baja**) mit ihrem fast mittelmeerischen Klima in der östlichen Region, die jenseits des Río Leza beginnt und sich in Richtung Alfaro und Aragonien erstreckt. Ein Fluß war es auch, welcher bei der Namensgebung von La Rioja Pate gestanden hat: der Río Oja im Westen der Provinz.

Eingebettet zwischen Rioja Alta und Rioja Baja erscheint **Logroño** mit den umliegenden Landstrichen. Während Forst-und Viehwirtschaft in den gebirgigeren Zonen gewichtige Rollen spielen, zeichnet sich die Gegend um Logroño und allgemein um den Río Ebro durch hohe Fruchtbarkeit der Böden aus. Besonders bekannt sind die Weingärten sowie Obst-und Getreideanbau.

Gebirge und Flüsse

Die Rioja ist nicht nur bekannt wegen ihres Weines, sondern auch wegen ihrer Gebirge und Flüsse. Bekanntester Strom ist der Río Ebro, einer der längsten auf der iberischen Halbinsel.

Zum Iberischen Randgebirge im Süden der Rioja rechnen die **Sierra Cebollera**, die **Sierra de Urbión** und die **Sierra de la Demanda**. Hinzu kommen die **Montes Obarenes** im äußersten Nordwesten und die zentrale **Sierra de Cameros**, in der die Flüsse **Leza** und **Jubera** entspringen.

Der Berg **San Lorenzo** in der Sierra de la Demanda bildet die höchste Erhebung der Rioja: 2 271 Meter über dem Meeresspiegel. Von West nach Ost nehmen die Höhen der größten Berge ab.

Aus der im Winter verschneiten Sierra de la Demanda strömt der Río Oja Richtung **Ea** und Ebro und fließt vorbei an **Ezcaray**, **Santo Domingo de la Calzada** und **Casalerreina**. Ebenfalls in der Sierra de la Demanda – auf einer Höhe von rund 1 600 Metern – entspringt der Río **Najerilla**. Dieser formt bereits im äußersten Südwesten den **Mansilla-Stausee** (Embalse de Mansilla) und wird bei seinem Lauf in den Ebro von mehreren Flüßchen aus der Sierra de Urbión gespeist sowie vom Cárdenas, Valde und Tuerto. Der Najarilla durchfließt das Städtchen **Nájera** und mündet bei Torremontalbo in den breiten Río Ebro.

Aus den Höhen der Sierra Cebollera kommt der Río **Iregua**. Die bis zu 2 168 Meter hohe Sierra bildet eine Wasserschneise zwischen dem nördlichen Río Ebro und seinen Zuläufen sowie dem südlichen Río Duero, welcher als Douro in Portugal bei Porto in den Atlantik mündet. Der Iregua formt die beiden Stauseen **González Lacasa** und **Pajares** und fließt östlich von Logroño in den Ebro.

Der Río Leza hat seinen Ursprung in der Sierra de Cameros. Bei Murillo de Río Leza fließt er mit dem Río Jubera zusammen und wenige Kilometer weiter nördlich mit dem Ebro.

In der Provinz Soria entspringt der Río **Cidacos**, der sich durch das Iberische Randgebirge abwärts nach Calahorra und zum Ebro windet. Der Cidacos-Fluß ist vor allem jenen ein Begriff, die sich bei Enciso und Arnedillo in dessen Tal auf die Suche nach den Dinosaurierspuren begeben.

Die östlichsten Flüsse in der Rioja sind der **Alhama** und der Linares.

Für den Menschen sind die Täler der kleineren Flüsse seit jeher von ebenso großer Bedeutung wie das Einzugsgebiet des Ebro. Der Ebro selbst entspringt in Nordspanien am Kantabrischen Gebirge, östlich der bekannten Picos de Europa. Auf seinem Weg in Richtung Mittelmeer durchfließt er unter anderem Logroño und Zaragoza. In der Rioja liegen längs dieses Stromes die bekannten Wäldchen (Sotos), deren Reiz in einem großen Reichtum an Flora und Fauna liegt.

Seen

Mehrere kleine Stauseen prägen die landschaftliche Szenerie in der Rioja mit. Der bekannteste unter ihnen heißt González Lacasa, ist aber auch unter den Namen der nahen Orte Ortigosa de Cameros und El Rasillo bekannt.

Erst seit wenigen Jahren ist der auf knapp 1 000 Metern Höhe in der Sierra der südlichen Rioja gelegene See als ein touristisches Ziel bekannt. Im Sommer wird das Gewässer vorwiegend von Erholungsuchenden Einheimischen frequentiert. Der See wird vom Río Iregua gespeist. Er existiert seit 1962.

An weiteren Stauseen sind Pajares im Süden und Mansilla im Südwesten zu nennen. Nahe Logroño erreicht man den kleinen Stausee La Grajera (32 Hektar), dessen künstliche Anlage bereits auf das Jahr 1883 zurückgeht. Das Gewässer ist eingebettet in eine sanfte Hügelwelt. In den Uferzonen nisten mitunter Wasserhühner, Enten und Reiher.

In der zweiten Hälfte des 19. Jahrhunderts entstanden in der Rioja mehrere kleine Stauseen in der Rioja Baja. Diese waren immens wichtig als Reservoirs für die Landwirte in jener Zone diesseits und jenseits des Ebro. Ein Beispiel ist der kleine Perdiguero-Stausee (15 Hektar) nahe Calahorra.

Flora und Fauna

Uneinheitlich präsentiert sich die Vegetation in der Rioja zwischen den Gebirgen im Südwesten sowie den Tälern, Ebenen und weitgehend kargen Hängen in der übrigen Region. Entscheidend war die menschliche Besiedlung, welche sich auf die Ebenen und leicht zugänglichen Zonen längs der Flußläufe konzentrierte. So ist hier die ursprüngliche Vegetation verschwunden, während sich in den Bergen ein oft intakter Naturhaushalt hat konservieren können.

In den riojanischen Sierras des Südwestens kommen in erster Linie Buchen, Eichen, Eschen, Birken, Ulmen und Ahorn vor. Am Oberlauf des Río Iregua wachsen wilde Pinien. Je weiter man den Flüssen abwärts folgt, desto stärker treten in den Mittelteilen der Provinz neue Pflanzkulturen mit Pinien auf. Anzutreffen sind dort noch Eichenwälder.

Reicher wird erst wieder die Zone längs des Río **Ebro** mit ihren typischen Wäldchen (Sotos). In diesen ganz speziellen Ökosystemen sind Vögel, Reptilien, Amphibien und Insekten heimisch. Die Wäldchen setzen sich primär aus Pappeln, Weiden, Linden, Ahorn und Erlen zusammen. Isla-Soto de Buicio, Soto de los Americanos, Soto de San Martín und Sotos de Alfaro heißen die bekanntesten dieser Wäldchen am riojanischen Ebro (von West nach Ost).

Die Sotos sind oft kleine Naturreservate, in denen sich Ornithologen unter anderem an Eisvögeln, Graureihern, Sperbern, Milans, Nachtigallen und Sperlingen begeistern können. An Säugetieren kommen beispielsweise Spitzmaus und Wasserratte vor.

In den Gebirgszonen der Rioja leben Wildschweine, Rehe und Hirsche. In den Arealen um den Oberlauf des Río Najerilla gibt es noch Wölfe.

Allgemein weist die Vogelwelt in der Rioja verschiedene Adlerarten, Uhus, Geier und Wanderfalken auf. Glück muß auch der haben, der die grüne Eidechse, den Fischotter, den Hausmarder und die Wildkatze zu Gesicht bekommt. An Schlangen sind mehrere Vipernarten bekannt.

Klima

Die Rioja ist das Andalusien des Nordens – dies zumindest besagt ein Sprichwort und spielt damit auf die verschiedenen Klimate innerhalb der einzelnen Regionen an.

Die Provinz steht gleich unter mehreren klimatischen Einflüssen: der atlantische Einfluß aus dem Norden mit gelegentlichen Niederschlägen und Nebelfronten, der mittelmeerische Einfluß aus dem Süden und Südosten durch das Tal des Ebro und der Einfluß seitens der kastilischen Hochebene im Westen und Südwesten. Dieser letztgenannte sorgt häufig für lang anhaltende Kälteperioden im Winter.

All die Faktoren erklären die Verschiedenheit der vielfältigen Ökosysteme in der vergleichsweise kleinen Region.

Die stärksten Niederschläge werden in den Sierras de la Demanda, Urbión sowie Cebollera registriert. In den einzelnen Regionen verzeichnet die Statistik einen Jahresniederschlag von mehr als 2 000 Millimetern. Im Bereich des Ebro fallen in der Regel nur 400 bis 600 Millimeter Niederschlag pro Jahr.

Es empfiehlt sich, jenen Teil des spanischen Binnenlandes im Frühjahr, Sommer oder Herbst zu bereisen. Die mittleren Tagestemperaturen in der Rioja und Logroño liegen im Juli bei etwa 23 Grad und im September bei etwa 20 Grad Celsius.

Geschichtlicher Überblick

Hier ein kleiner geschichtlicher Überblick unter besonderer Berücksichtigung dieser Region Spaniens:

Altsteinzeit: Höhlenmalerei (Altamira in Kantabrien); kleinere Funde in riojanischen Höhlen wie Peña Lóbrega de Torrecilla

Jungsteinzeit: Felsmalereien in Ostspanien, in La Rioja im Tal des Río Cárdenas

Um 5000 – 2000 v.Chr.: Megalithkultur; riojanische Dolmen Peña Guerra (Nalda), Collado Palomero (Montalbo de Cameros) und La Unión-Clavijo

Bronze- und Eisenzeit: Riojanische Reste in den Höhlen von San Millán, San Bartolomé und Lóbrega de Torrecilla (Bronzezeit)

Nach 1000 v.Chr.: Überquerung der Pyrenäen von indogermanischen Völkern; Zeit der Kelten bzw. der Keltiberer, von denen die riojanischen »Ureinwohner«, die Berones, abstammen

218 v.Chr.: Die Römer beginnen damit, große Teile der Iberischen Halbinsel zu erobern

Um 187 v.Chr.: Römische Gründung von Calagurris (Calahorra)

Um 25 v.Chr.: Vollständige Romanisierung der Rioja längs des Ebro

Nach 100: Zeit der Völkerwanderungen

Um 415: Einfall der Westgoten, auch in La Rioja

475: Geburt des Heiligen San Millán de la Cogolla, Priester und Einsiedler aus dem Tal des Río Cárdenas (Tod 575)

711: Einfall der Mauren im Süden der Iberischen Halbinsel

715: Die Mauren überschreiten den Ebro

Nach 718: Jahrhunderte der »christlichen« Rückeroberung (Reconquista)

Um 740: Erbitterte Kämpfe zwischen Mauren und Rückeroberern um Alfonso I el Católico in der Rioja Alta

Um 850: Schlacht von Clavijo zwischen Mauren und Rückeroberern um Ramiro I

881: Der Mönch Vigila schreibt die Geschichte des Herrschers Alfonso III. nieder, bekannt al Cronicón Albendense oder Emilianense

Um 910: Die Söhne von Alfonso III teilen das Reich auf in Galicia, Asturias und León

918: Ursprünge des Königreiches von Nájera-Pamplona

Um 920: Erste urkundliche Erwähnungen von **Logroño**

975: Niederschrift des Glosas Emilianenses

Um 1030: Gründung des Klosters Santa María la Real in Nájera

Um 1060: Das nördliche Spanien ist bis zum Río Ebro christlich geworden

1076: La Rioja wird von Alfonso VI. in das Königreich Castilla eingegliedert

1109: Tod von Santo Domingo de la Calzada, Heiliger und Initiator des Aufbaus der nach ihm benannten Stadt

1170: Gründung des Klosters Santa María de Cañas

1212: Schlacht von Navas de Tolosa und Sieg der Heere von Castilla, Navarra und Aragón über die Mauren

1264: Tod von Gonzalo de Berceo, Kleriker und erster Dichter in kastilischer Sprache

1423: Gründung des Klosters Santa Mariá de la Estrella

1431: Logroño wird Stadt

1469: Heirat von Isabella de Castilla mit Fernando II de Aragón

1492: Fall von Granada; Ende der maurischen Herrschaft auf der Iberischen Halbinsel

1512: Das Königreich Navarra wird in Castilla eingegliedert

1516-56: Carlos I. König von Spanien

1556-98: Felipe II. König von Spanien
1588: Untergang der spanischen Armada
1610: Im Zuge der Inquisition Hexentribunal in Logroño
17. Jh.: Verfall der spanischen Weltmacht, doch Blütezeit von Kunst und Literatur
1735: Spanischer Erbfolgekrieg
1767: Vertreibung der Jesuiten
1772: Gründung des riojanischen Rats der Weinpflanzer
1790: Gründung der riojanischen Wirtschaftsgesellschaft der Weinpflanzer
1808: Weite Eroberungen in Spanien durch die französischen Heerscharen; im selben Jahr auch Einnahme der riojanischen Städte Haro und Logroño; bis 1813 zahlreiche Schlachten in der Rioja
1812: Verfassung unter Fernando VII.
1833: Gründung der Provinz von Logroño
1834-39: Erster Karlistenkrieg
1847-49: Zweiter Karlistenkrieg
1851: Konfrontation zwischen Calahorra und Logroño um den Sitz des Bischofs
1873-74: Erste Republik
1898: Verlust der letzten spanischen Kolonien
1923: Beginn der Diktatur von Primo de Ribera
1931-36: Zweite Republik
1936-39: Spanischer Bürgerkrieg
1939-75: Diktatur von Francisco Franco
1959: Gründung der baskischen Untergrundorganisation ETA
1969: Juan Carlos, der Enkel von König Alfonso XIII, wird zum künftigen Herrscher bestimmt
1975: Juan Carlos I. wird nach Francos Tod König von Spanien
1978: Spanische Verfassung
1982: Autonomiestatut für die Rioja; bei den spanischen Wahlen gelangen die Sozialisten unter Felipe Gonzales an die Macht
1986: EG-Beitritt Spaniens
1992: Spanisches Jahr« mit der Weltausstellung in Sevilla und den Olympischen Spielen in Barcelona; Kampf gegen die ETA
1993: Die Sozialisten unter Regierungschef Felipe Gonzáles gewinnen erneut die Wahlen
1993: Die UNESCO erklärt den **Jakobsweg** zum Kulturerbe der Menschheit
1994: Generalstreiks der Gewerkschaften in ganz Spanien; die Arbeitslosigkeit beträgt landesweit 23 Prozent
1995: ETA-Attentat im riojanischen Arnedo
1995: Korruptionsskandale in der Regierung der Sozialisten
1996: José Maria Aznar (Partido Popular) gewinnt dei vorgezogenen Wahlen und löst Gonzáles als Regierungschef ab

Bevölkerung

Etwa die Hälfte der rund 270 000 Einwohner der Rioja ist in der Hauptstadt Logroño und deren nahem Einzugsgebiet beheimatet. Die Riojaner gelten dennoch mehr als Land-, denn als Stadtbevölkerung.

Die Landflucht hat im Laufe des 20. Jahrhunderts für das Ausbluten mancher Gegenden gesorgt – hier eröffnen sich Parallelen zu Andalusien. Wer die Rioja durchfährt, wird gelegentlich Reste von Dörfern gewahr: Mauern, eingestürzte Bauten, mitunter guterhaltene Kirchen. Mehr als vier Dutzend verlassene Dörfer sind heute bekannt.

Die Vorfahren der heutigen Riojaner haben sich vorwiegend an den Ufern der Flüsse niedergelassen: am **Ebro**, Ea, **Oja**, **Najerilla**, **Cárdenas**, **Iregua**, **Leza**, **Cidacos** und **Alhama**. Dies sind die bekanntesten Ströme. Von den gebirgigen Zonen haben die Siedler traditionell Abstand genommen. Obgleich sich die Bergwelt über die Hälfte der riojanischen Fläche erstreckt, erreicht die Einwohnerzahl dort nicht einmal die 10 000er-Marke. In manchen Bereichen verteilen sich durchschnittlich zwei Bewohner auf einen Quadratkilometer. Der regionale Durchschnitt liegt bei 54 Einheimischen pro Quadratkilometer. Die größten Städte hinter **Logroño** sind **Calahorra**, **Arnedo**, **Alfaro** und **Haro**.

Hauptstadt Logroño

Stadt am Ebro

Erhaben liegen die Türme der Kathedrale Santa María de la Redonda über den Dächern der Stadt. Langsam fließt der Ebro an der Hauptstadt der Rioja vorbei. Und an der Espolón-Promenade pulsiert das Leben. Logroño beherbergt ein typisches Stück Spanien, doch es geht von der Stadt längst nicht eine solche Faszination aus wie beispielsweise von Toledo oder Salamanca. Auch mit Navarras Metropole Pamplona sehe ich Logroño nicht konkurrieren. In Logroño mischen sich Ruhe und Beschaulichkeit mit betriebsamer Hektik und abstoßenden Wohnblocksilos. Vieles ist baufällig in der Hauptstadt, doch gleichsam pittoresk und liebenswert. Dies wird man spätestens dann gewahr, wenn man als Jakobswegpilger die altehrwürdige Rúa Vieja nahe dem Río Ebro durchschreitet. Da erblickt man Laternchen und Erker, klobiges Pflaster und halbverfallene Häuser, Kirchenfassaden – und Butangasflaschen auf den Balkonen. Hunde bellen, und es riecht nach offenem Feuer. Mitunter wirkt die 130 000-Einwohner-Stadt zwischen der Unteren und der Oberen Rioja wie ein großes Dorf...

Logroño ist das Handels- und Verwaltungszentrum der Region. Etwa die Hälfte der Bewohner der gesamten Rioja sind im Einzugsbereich der Hauptstadt beheimatet. Der Besucher findet Hotels und Pensionen, Restaurants und urige Bars sowie lohnenswerte Besuchsziele im Bezirk des gesamten Altstadtviertels. Die Touristeninformation befindet sich in der Calle Miguel Villanueva 10.

Bereits in den mittelalterlichen Reiseführern der Jakobswegpilger wurden Großmut und Gastfreundschaft der Bewohner von Logroño und der gesamten Rioja gerühmt. Seinerzeit kamen die Pilger ausnahmslos über die im 11. Jahrhundert errichtete monumentale Brücke. An gleicher Stelle wird der Ebro noch heute überspannt, doch diese Steinbrückenkonstruktion geht bereits auf das Ende des 19. Jahrhunderts zurück. Scheußlich anzusehen ist hingegen die neue Eisenbrücke. Des weiteren führen heute eine Fußgänger- und eine neuerliche Fahrzeugbrücke über den Fluß.

Die genauen Ursprünge Logroños verlieren sich im geschichtlichen Dunkel. Belegt sind nahe Ansiedlungen am Cantabria-Hügel und in Varea aus den Zeiten der Berones, der Ureinwohner der Rioja, sowie der Keltiberer und der Römer. Es mag sein, daß Logroño aus der frühmittelalterlichen Verschmelzung beider Orte entstanden ist, doch gesichert belegt ist dies nicht. Nach heutigem Kenntnisstand wurde die Stadt am Ebro erstmals zu Beginn des zehnten nachchristlichen Jahrhunderts urkundlich erwähnt. Bedeutung erlangte Logroño erst im späten 11. Jahrhundert zu Regierungszeiten von Alfonso VI. de Castilla. Zu jener Zeit fungierte der Ort als eine Art Grenzenklave zwischen den Reichen Navarra und Kastilien.

Die kriegerischen Auseinandersetzungen zwischen den Nachbarn hatten oft das Gebiet um Logroño zum Schauplatz, denn dort führte die einzige Brükke weit und breit über den Ebro. Noch heute ist im städtischen Wappen die mittelalterliche Brücke mit ihren drei Verteidigungstürmen abgebildet. Der kastilische Herrscher Alfonso VI. verlieh Logroño im Jahre 1095 das Sonderrecht, die Brücke zu bauen, um somit auch mehr Menschen in jenes dünnbesiedelte Areal zu locken. Und die mochten in den Überlegungen des Königs so etwas wie einen Schutzwall gegen denkbare Invasionen über den Ebro darstellen. Bedeutsam wurde Logroño ebenfalls als eine Station der mittelalterlichen Jakobswegpilger auf ihrem langen Marsch zum Grab des Apostels in Santiago de Compostela. Im Jahre 1431 erhielt Logroño die Stadtrechte.

Mit der Eingliederung des benachbarten Navarra ins kastilische Großreich (1512) wurde die Gefahr der kriegerischen Konflikte in der Rioja-Region und damit auch in Logroño eingedämmt. Von den mediävalen Stadt- und Verteidigungsmauern ist heute nur noch ein kleiner Teil nahe der Calle Barriocepo erhalten. Die Wichtigkeit des **Jakobsweges** hatte im Laufe der Jahrhunderte für die Anlage von zahlreichen Sakral- und auch Profanbauten im Stadtgebiet gesorgt. Viele dieser steinernen Zeugnisse kann man heute besichtigen, wobei in erster Linie die Kathedrale sowie die Kirchen Santiago und San Bartolomé zu nennen sind.

Das Jahr 1610 ist als ein besonders blutiges in die Stadt- und Regionalgeschichte eingegangen. Es begab sich zu jener Zeit, da der Hexenwahn in ganz Europa grassierte. Im benachbarten Navarra sind die ersten Hexenprozesse in den Pyrenäen-Tälern von Roncal und Salazar für das Jahr 1525 nachgewiesen. Im Jahre 1610 nun reiste der Inquisitor des Tribunals von Logroño, Don Juan del Valle Alverado, ins nördliche Navarra, um den vermeintlichen Hexen auf die Spur zu kommen. Er sammelte Daten und 'Fakten' zu über 300 beschuldigten Personen. Die Folge waren Enteignungen, lebenslange Haftstrafen oder Hinrichtungen. Im Zuge des Hexenprozesses von Logroño wurden im November 1610 zwölf Beschuldigte dazu verurteilt, auf dem Scheiterhaufen zu verbrennen. Aberglaube, Legenden, Denunziationen, Wahn, Massenpsychose – all dies führte auch in jenem Teil Spaniens dazu, daß Unschuldige ihr Leben lassen mußten.

Bis ins späte 19. Jahrhundert hinein war Logroño von Mauergürteln umschlossen; selbst während der Karlistenkriege waren noch zusätzliche Mauern angelegt worden. Doch im Zuge der ersten Erweiterungen außerhalb der Altstadt wurden die historischen Blöcke abgerissen. Anfang des 20. Jahrhunderts waren dort rund 20000 Menschen beheimatet. Ab den fünfziger Jahren setzten neuerliche rigorose Stadterweiterungen ein, und mancher Vorort Logroños ist nicht eben »fürs Auge« geschaffen. Auch von der alten Brücke aus sieht man auf monströse Wohnsiedlungen, die sich im Wasser des Ebro spiegeln. Hinzu kommen Industrie- und Gewerbegebiete an den Stadträndern. Dies werden vor allem jene Reisenden bemerken, welche die Ausfallstraße in Richtung Burgos wählen. Doch das wirtschaftliche Rückgrat der Region ist natürlich wichtig, vor allem in einer Zeit der Rezession, die Mitte der neunziger Jahre auch an Logroño und der Rioja nicht spurlos vorübergegangen ist.

Logroño ist auch der kulturelle Mittelpunkt der Rioja. Während des Jahres

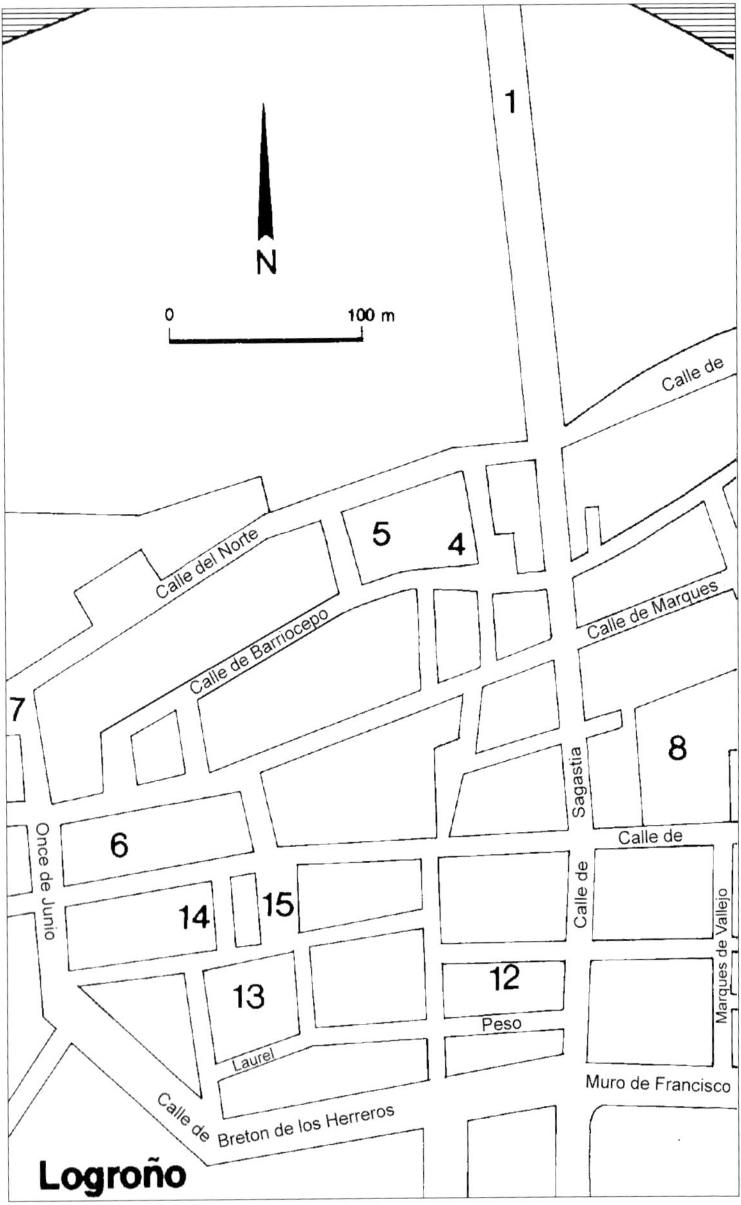

1
N
0
100 m
Calle de
5
4
Calle del Norte
Calle de Marques
Calle de Barriocepo
7
8
Sagastia
6
Calle de
Once de Junio
Calle de
14
15
Marques de Vallejo
12
13
Peso
Laurel
Muro de Francisco
Calle de
Breton de los Herreros
Logroño

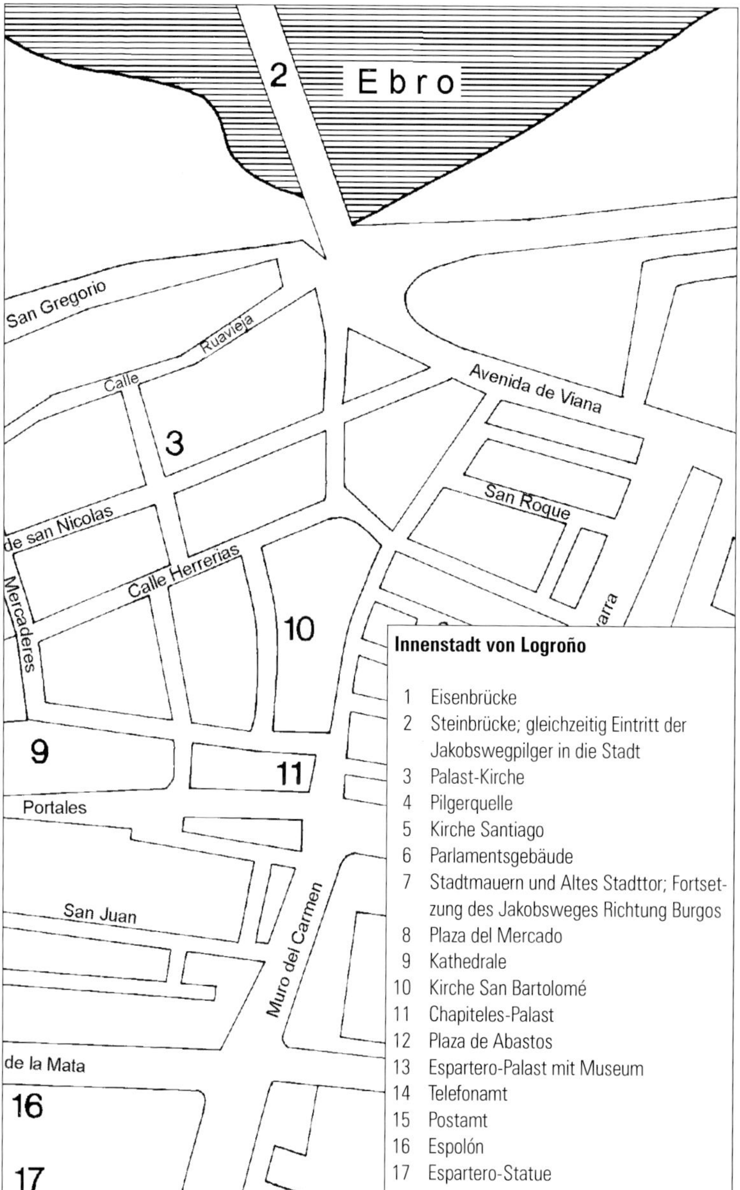

Innenstadt von Logroño

1 Eisenbrücke
2 Steinbrücke; gleichzeitig Eintritt der Jakobswegpilger in die Stadt
3 Palast-Kirche
4 Pilgerquelle
5 Kirche Santiago
6 Parlamentsgebäude
7 Stadtmauern und Altes Stadttor; Fortsetzung des Jakobsweges Richtung Burgos
8 Plaza del Mercado
9 Kathedrale
10 Kirche San Bartolomé
11 Chapiteles-Palast
12 Plaza de Abastos
13 Espartero-Palast mit Museum
14 Telefonamt
15 Postamt
16 Espolón
17 Espartero-Statue

finden mehrere Festivals statt, so zum Beispiel das Popmusikfestival im Januar und das Theaterfestival im September. Der August ist als gesamter Kulturmonat ausgewiesen. Von großer Bedeutung sind die San-Bernabé-Feierlichkeiten am 11. Juni und das berühmte Weinlesefest am 21. September. Jenes Weinlesefest (Fiestas de la Vendimia) wird begleitet vom traditionellen Traubenstampfen an der Espolón-Promenade sowie von Stiertreiben, Stierkämpfen, Reiterumzügen und volkstümlichen Darbietungen jedweder Art. Dann ziehen auch die typischen »peñas« musizierend durch die Gassen, und auf der Plaza del Mercado lassen sich die kulinarischen Spezialitäten kosten. Den regionalen Wein aus der Rioja sollte man natürlich bei jeder Gelegenheit in einer Bar oder einem Restaurant probieren. Im erweiterten Stadtbereich findet man einige Bodegas (vgl. dazu unter dem Stichwort »Bodegas« im praktischen Teil. Auch eine Liste der Hotels und Pensionen sowie Restaurantadressen sind im allgemeinen praktischen Teil aufgeführt).

Sehenswürdigkeiten

Altstadtviertel

In den Gassenschneisen von Logroños Altstadt liegt ein Stück spanischer Vergangenheit und Gegenwart. Mittags knüpft man gerne an die Traditionen an und trifft sich in einer Bar zum »chiquiteo«. Ein besonders typisches Gepräge haben die Bereiche um die **Calle San Juan**, **Calle del Peso** und **Calle del Laurel**. Man sieht kleine Kneipen, blumentopfbestandene Vorsprünge und kunstvolle Balkongitter, hinter denen häufig die orangefarbenen Butangasflaschen stehen. Es sind auch Gäßchen der winzigen Läden, in denen man auf kleinem Raum oft mit großer Freundlichkeit empfangen wird.

Kathedrale

Ein Wahrzeichen von Logroño ist die Kathedrale **Santa María de la Redonda**, deren beide Türme die Häuserdächer in der Altstadt überragen. Der Sakralbau ist an der gepflegten **Plaza del Mercado** gelegen mit ihren Arkaden, Lädchen und kleinen Balkons, auf denen selbst in den Wintermonaten die aufgeleinte, frischgewaschene Wäsche weht.

Der mächtige Bau wurde im 15. Jahrhundert über den Resten der romanischen Rundkirche San Lucas begonnen. Bis in die Mitte des 18. Jahrhunderts hinein folgten umfangreiche Erweiterungen. Zwischen 1742 und 1756 wurden unter Leitung von Juan Bautista de Arbaiza und Martín de Beratúa die Zwillingstürme in churrigereskem Stil errichtet. Sehenswert sind auch die barocken Einflüsse, so beim Angeles-Portal und beim Hauptretabel.

Im Innern der Kathedrale beeindrukken die eisernen Gitter vor den Seitenkapellen, die Bildhauerarbeiten aus Alabaster sowie einzelne Goldschmiedearbeiten. Das Kreuzigungsbild (»Crucifixión«) wird Michelangelo zugeschrieben. Nahe der Sakristei und dem Hauptretabel gelangt man an das Grabmal des Militärs Baldomero Espartero.

Im Volksmund heißt es in Logroño scherzhaft, man habe »drei Kathedralen und einen Bischof aus dem Dorf«. Damit spielt man angesichts der imposanten Bauwerke Kathedrale Santa María, **Palast-Kirche** und San-Bartolomé-Kirche auf das vergleichsweise kleine **Calahorra** an. In diesem »Dorf«

befindet sich nach wie vor der bischöfliche Sitz.

Die Kathedrale ist in der Regel täglich zwischen 8 und 13 sowie von 18.30 bis 21 Uhr geöffnet.

Palast-Kirche

Eine ungewöhnliche Konstruktion kennzeichnet die Palast-Kirche (Iglesia de Palacio). Der im 11. und 12. Jahrhundert errichtete und im 16. Jahrhundert wesentlich erweiterte Sakralbau verfügt über einen gedrungenen, rechteckigen und einen spitz zulaufenden Turm. Dieser typische gotische Spitzturm wird im Volksmund »aguja« (Nadel) genannt.

Ungewöhnlich ist sicher auch, daß man die zum Nationalmonument deklarierte Kirche in ihrer Gesamtheit kaum einsehen kann. Dazu sind die umliegenden Gassen einfach zu eng. Wer von der anderen Seite des Ebro kommt, sieht die beiden Türme als Teil der Silhouette von Logroño. Der monumentale Bau liegt an der Calle Marqués de San Nicolás und ist in der Regel nur während der Gottesdienstzeiten zugänglich.

Im Innern des Komplexes beeindrucken der gotische Kreuzgang, der Hauptaltaraufsatz, die Bildnisse der Virgen del Ebro und der Virgen del Claustro, der von einem schmiedeeisernen Gitter abgetrennte Chor sowie gotische Grabmale. Carlos I. gestand der Kirche einst im 16. Jahrhundert den herrschaftlichen Beinamen »Imperial« zu.

Kirche San Bartolomé

Am Rande der Altstadt liegt die altehrwürdige Kirche San Bartolomé an der gleichnamigen Straße. Die historischen Ursprünge des heutigen Nationalmonuments reichen ins 12. Jahrhundert zurück. Aus dem 14. Jahrhundert datiert das reichdekorierte, gotische Portal, das zu den schönsten in der gesamten Rioja zählt. Einzigartig ist auch der Kirchturm, an dem mudejare Einflüsse erkennbar sind und der einst als Wehrturm diente.

Die Kirche hat keine festgelegten Öffnungszeiten.

Kirche Santiago

Die Iglesia de Santiago ist – wie der Name besagt – dem Schutzpatron Jakobus (Santiago) gewidmet und liegt an der Calle Barriocepo, der Verlängerung der Rua Vieja.

Das Gotteshaus wurde im 16. Jahrhundert über den Resten einer mutmaßlich im 12. Jahrhundert begründeten Kirche errichtet. Über dem zur Calle Santiago weisenden Portal sieht man unter einem Überhang das gigantische Steinbildnis des Jakobus zu Pferde als Maurentöter (Matamoros).

Der Vorplatz der Kirche charakterisiert sich durch die Pilgerquelle (Fuente del Peregrino) und ein überdimensionales Mosaik, das ein Spiel (Juego de la Oca) darstellt.

Im Innern der Kirche tagte einst der städtische Rat; das Stadtarchiv ist hier untergebracht.

Am Hauptaltaraufsatz stößt man auf eine weitere Jakobus-Darstellung; diesmal ist Santiago ein Pilger.

Der Jakobsweg durch Logroño

Die wichtigsten Stationen: Alte Brücke über den Río Ebro – Rua Vieja – Pilgerherberge – Palast-Kirche – Calle de Barriocepo – Santiago-Kirche – Plaza de Santiago mit Pilgerquelle und Riesenmosaik – Parlamentsgebäude – Stadtmauern und altes Stadttor (Puerta del Camino)

Über die alte Ebrobrücke schreiten Jakobswegpilger auf Logroño zu. Man befindet sich an altehrwürdiger Stätte, denn in lokalen Geschichtsbüchern wird die Anlage einer ersten Brücke Ende des 11. Jahrhunderts mit dem Zugeständnis des Sonderrechtes durch König Alfonso VI. in Verbindung gebracht. Den Bewohnern dieser Zone wurde damit ein besonders günstiger rechtlicher und finanzieller Status zugestanden. Im Text dieses Sonderrechtes liest man außerdem die Worte »Illo Gronio«, was im heutigen Spanisch »el vado« und auf deutsch »die Furt« heißt. Es ist wahrscheinlich, daß der Name Logroño sich darauf gründet.

Millionen und Abermillionen von Pilgern haben im Laufe der Jahrhunderte den **Ebro** an dieser Stelle passiert. Hier verlief die historische Grenze zwischen den alten Königreichen Castilla und Navarra. Die heutige Brücke wurde im Jahre 1884 errichtet. Ins Auge fallen die klobigen Laternenkugeln an den Seiten der Brücke, Wohnblocksilos nahe dem Wasserlauf und die Silhouette aus Kirchtürmen über der Stadt. Ist man auf der Brücke stadteinwärts unterwegs, treten auf der Stadtseite die gepflegten Grünflächen und kleinen Promenaden am Fluß hervor.

Kurz hinter der Brücke biegt man rechter Hand in die »Alte Straße«, die Rua Vieja (auch Ruavieja), ein. Auf klobigen Pflastersteinen schreiten wir voran und vorbei an einer Mischung aus alten und neuen Bauten. Viele der Gebäude tragen noch das Gepräge des 16. Jahrhunderts, manche sind eingestürzt und andere komplett neu renoviert. Auffällig sind all die Laternchen, Erker und Balkonvorsprünge. In den Sommermonaten steigt aus dieser Gasse eine angenehme Kühle auf.

In der Rua Vieja Nummer 32 ist die im Jahre 1993 neueröffnete Pilgerherberge untergebracht. Damit befinden wir uns auch schon nahe der Palast-Kirche (Iglesia de Palacio), zu der man durch die kleine Gasse Travesía de Palacio gelangt (vgl. gesonderte Beschreibung). Wir gehen weiter durch die Rua Vieja und kreuzen die Calle de Sagasta, die rechter Hand auf die neue Eisenbrücke und linker Hand auf die Espolón-Promenade zuläuft.

Die Verlängerung der Rua Vieja heißt nun Calle de Barricepo, an der sich die Santiago-Kirche (vgl. gesonderte Beschreibung) erhebt. Am großen Vorplatz des Gotteshauses mit seiner monumentalen Bildhauerarbeit mit dem Motiv des »Maurentöters« Santiago, befindet sich auch die Pilgerquelle. Zu dieser »Fuente del Peregrino« steigt man über eine offene Treppe einige Stufen hinab. Man sieht dort Wappen und eine Inschrift von 1675.

Der Platz vor der Kirche heißt Plaza de Santiago. In ihn ist in riesiger Mosaikform ein Spiel »Juego de la Oca« eingelassen, das eine Vielzahl an Jakobswegsymbolen aufweist und dem Pilger die Stätten in Erinnerung ruft, die bis Santiago de Compostela noch vor ihm liegen. Umrundet man die Santiago-Kirche in Richtung Ebro, steigt man einige Stufen hinauf und steht dann auf einem Plateau. Von dort aus kann man den Weitblick über Brücken und Fluß hinweg auf die umliegenden Berge genießen.

Durch die enge Barriocepo-Gasse setzen wir den Jakobsweg durch Logroño fort. Der Weg ist gesäumt von historischen Bauten, deren Entstehungszeit ins 16. uns 17. Jahrhundert reicht.

In dieser Zone waren einst die Zünfte untergebracht, was sich noch heute leicht an den Straßennamen ablesen läßt: Boterías (Böttcher), Herreros (Eisenschmiede) und Carnicerías (Fleischer).

An einem kleinen Platz endet die Calle de Barriocepo. Unvermittelt schaut man auf die Fassade des Abgeordnetenhauses der Rioja (Diputación General de La Rioja). Unter den alteingesessenen Riojanern ist der Bau auch unter dem Namen »Tabacalera« (Tabakfabrik) und »Convento de la Merced« (Merced-Konvent) bekannt.

Das heutige Parlamentsgebäude hat eine bewegte Geschichte. Im 16. Jahrhundert wurde es als Konvent gegründet, zu dem auch eine Kirche gehörte. Seit der Besetzung durch die Franzosen zu Beginn des 19. Jahrhunderts ist der Bau mehrmals zweckentfremdet worden: als Militärhospital, Gefängnis, Bürogebäude und Ende des 19. Jahrhunderts als Tabakfabrik. Der von Amós Salvador y Rodrigañez gegründete Industriebetrieb vermochte sich nur bis zu einem großen Brand im Jahr 1944 zu halten. Der nahe Fabrikschlot zeugt noch von jenem Stück Vergangenheit.

Heute sind hier – nach umfangreichen Restaurierungsarbeiten in den achtziger Jahren – das Abgeordnetenhaus, der Sitz des Parlaments, die öffentliche Bibliothek und der Ausstellungssaal Amós Salvador untergebracht. An diesem modernen Gebäude mit historisch aussehendem Portal endet, von der Innenstadt aus gesehen, auch die Calle del Marqués de San Nicolás (auch Calle Mayor); dort schwärmt vor allem die vergnügungsfreudige Jugend der Stadt an den Wochenenden aus.

In Sichtweite des Abgeordnetenhauses gelangt man auf dem Jakobsweg an die Reste der Stadtmauern und an ein altes Stadttor (Puerta del Camino). Durch dieses Tor haben schon im Mittelalter die Pilger Logroño verlassen, und noch heute schreitet man stolz hindurch. An dieser Stelle wird alljährlich am San-Bernabé-Tag (11. Juni) eines historischen Ereignisses aus dem Jahr 1521 gedacht: die heroische Befreiung von französischen Heerscharen. Seit jener Zeit ist San Bernabé der Schutzheilige der Stadt. Während einer rauschenden Fiesta werden alljährlich am 11. Juni unzählige frittierte Fischchen an die Feierfreudigen verteilt. Damit wird ebenfalls an die Belagerung der Stadt in jener Epoche erinnert, da sich die Bewohner Logroños ausschließlich von Fisch aus dem Río Ebro ernähren mußten.

Wer die klobigen Mauersteine des Stadttors hinter sich läßt, wird spätestens dann von der Moderne eingeholt. Man steht am Rande eines riesigen Parkplatzes. Der Jakobsweg leitet nun über folgende Straßen raus aus Logroño: Calle de la Comandancia, Calle de la Trinidad, Avenida de Gonzalo de Berceo, Calle de la Industria, Calle del Conde Superunda, Calle Ramírez de Velasco und Calle del Marqués de Murrieta.

Espartero-Palast mit Museum

Der Espartero-Palast (Palacio de Esparteo) ist ein barocker Bau an der Plaza de San Augustín. In diesem Gebäude aus dem 18. Jahrhundert ist heute das Provinzmuseum (Museo Provincial) untergebracht.

Imposant ist die wuchtige Steinfassade mit ihren Zierelementen. Benannt ist der Palast nach dem General Espartero, dem auch ein Monument an der Espolón-Promenade gewidmet ist.

Das Museum zeigt Grabungsfunde aus der Frühgeschichte der Umgebung sowie eine Malerei- und Skulpturensammlung. Hier die Öffnungszeiten: dienstags bis samstags 10 bis 14 Uhr sowie zwischen 16 und 20 Uhr, an Sonn- und Feiertagen von 11.30 bis 14 Uhr.

Espolón-Promenade

Die Espolón-Promenade – auch bekannt unter dem Namen Paseo del Príncipe de Vergara – ist ein Vorzeigestück der Stadt. Hier läßt sich wunderbar flanieren, ausruhen und schwatzen. Großmütter und Großväter präsentieren all denen, die es wissen oder auch nicht wissen wollen, den jüngsten Sproß der Familie. In den Grüppchen älterer Männer diskutiert man stundenlang die neueste Krise im Lande. Und nebenan füttert jemand mit ähnlicher Ausdauer Schwärme von Tauben. Der Espolón ist ein gesellschaftlicher Schnittpunkt in Logroño, ein Forum unter freiem Himmel.

Schattenspendende Bäume, Bänke, gepflegte Grünflächen: all das gehört zum Espolón, wie auch das Reiterstandbild zu Ehren von General Espartero.

Am südlichen Rand der Altstadt fungiert der zu Beginn des 19. Jahrhunderts angelegte Espolón als eine Art Grenze zu den neueren urbanen Auswüchsen. Ein Beispiel ist das Hochhaus an der Gran Vía del Rey Juan Carlos I, das gemeinhin unter dem Namen »Torre de Logroño« (»Turm von Logroño«) bekannt ist.

Die Ostseite des Espolón ist von der Calle del General Vara de Rey begrenzt, an der sich die Gebäude der Provinzregierung befinden.

Weitere Sehenswürdigkeiten in Logroño

Wer diese spanische Stadt besser kennenlernen will, sollte sie zu Fuß erkunden und sich dabei dem so typischen »Leben auf der Straße« hingeben.

Streifzüge können noch zum Chapiteles-Palast (Palacio de los Chapiteles; Calle Miguel Villanueva 9), zum neoklassizistischen Bau mit dem Historischen Provinzarchiv (Archivo Histórico Provincial; Calle Rodríguez Paterna 8), zum neuen Rathaus (Ayuntamiento; Avenida de la Paz), zum Theater Bretón de los Herreros (Teatro Bretón de los Herreros; Calle Bretón de los Herreros 11) und zur Plaza de Abastos führen, mit kleinem Marktgeschehen dienstags und freitags.

Ausflüge ab Logroño

Besucher sollten erwägen, einige Tage lang Quartier in Logroño zu nehmen und von dort aus zu verschiedenen Touren zu starten, etwa zur Felsenburg von Clavijo, zum Ausgrabungsfeld auf dem Monte Cantabria oder über die Provinzgrenzen hinweg nach Navarra. Dort locken längs dem Jakobsweg (vgl. dazu auch gesonderte Kapitel) Viana, **Estella** und **Puente la Reina** mit ihren reichen Schätzen an Baudenkmälern.

Monte Cantabria

Monte Cantabria heißt der Hausberg von Logroño. Er erhebt sich rund 100 Meter über dem Lauf des Ebro. Auf dem Hügel haben jüngst archäologische Ausgrabungen Reste einer Siedlung zutage befördert, die möglicherweise bereits im dritten vorchristlichen Jahrhundert Bestand hatte. Der Ort exi-

Espolón-Promenade

stierte bis ins Mittelalter hinein und war zu jener Zeit von einem Mauergürtel geschützt. Von unten mag die Siedlung als uneinnehmbar angesehen worden sein. Zu sehen gibt es heute Reste von Hausfundamenten sowie kniehohe Mauern. Man sollte also nicht zuviel erwarten.

Ein kleines archäologisches Feld mit steinernen Resten aus der Römerzeit befindet sich auch in Varea (östlich von Logroño).

Felsenburg von Clavijo

Hoch über dem fruchtbaren Becken des Ebro und rund 20 Kilometer südlich von Logroño breitet sich auf klobigen Felsen die Burg von **Clavijo** aus. Die Türme und Zinnen des mittelalterlichen Kastells wachen über die Landschaft.

Clavijo ist jener Ort, an dem die berühmte, aber historisch nicht nachgewiesene Schlacht zwischen Christen und Mauren stattfand. In der Mitte des 9. Jahrhunderts sollen die Christen unter Ramiro I. den kriegerischen Konflikt begonnen haben, weil sie sich weigerten, alljährlich den Tribut von hundert Jungfrauen (Tributo de las Cien Doncellas) an den Emir von Córdoba abzutreten. Entscheidend für den Sieg der Christen und deren Moral in der Schlacht war die Erscheinung des Apostels Jakobus auf einem weißen Pferd (Santiago Matamoros).

Dort oben in der Einsamkeit von Clavijo kann man leicht seine Fantasie mit dem Legendenstoff anregen und dabei die Aussicht auf Logroño, das Hügelland und das Ebro-Tal genießen.

Viana (Navarra)

Im weiten Becken des Río Ebro kann man bereits ab Logroño das navarresische Städtchen Viana ausmachen. In Navarra ist Viana die letzte bedeutende Station auf dem Jakobsweg, bevor dieser in die Rioja übergeht. Die Nationalstraße 111 schafft eine rasche Verbindung ab Logroño.

Viana macht – gemessen an seiner Größe von 4 000 Einwohnern – einen monumentalen Eindruck. Hauptattraktionen in dem Städtchen sind das barocke Rathaus (Ende 17. Jahrhundert) und die Stiftskirche Santa María. Bemerkenswert sind hier der Turm aus dem 16. Jahrhundert, das Renaissance-Portal und der Gedenkstein zu Ehren des Cesare Borgia.

Cesare Borgia (1475 – 1507) gilt als illustre Persönlichkeit in der europäischen Geschichte. Der italienische Renaissancefürst war Sohn von Papst Alexander VI. und wurde 1492 zum Erzbischof von Valencia ernannt. Nach seinem Aufstieg zum Kardinal 1493 gab Borgia wenig später seine geistliche Laufbahn auf und wurde zur Ausschaltung der päpstlichen Gegnerschaft im Zuge der französischen Eroberungspolitik mit dem Herzogtum Valentinois belehnt. Im Jahre 1499 kehrte der gebürtige Römer in sein Heimatland zurück, eroberte Imola und zielte dann mit weiteren Feldzügen darauf ab, ein mittelalterliches Königreich zu bilden. Doch die Versuche, Bologna und Florenz zu erobern, schlugen ebenso fehl wie seine politischen Pläne. Cesare Borgia endete als Kondottiere im Dienste seines Schwagers, des Königs von Navarra. Im März des Jahres 1507 kam er, erst 32jährig, in Viana zu Tode. An ihn erinnert in der Stadt auch ein modernes Bronzedenkmal.

Beim Bummel durch Viana sollte man auf die vielfältigen Herrenhäuser und Paläste achten. Unter diesen stechen hervor: Casa de los Añoa y Busto

(Calle Santa María), Casa de los Ichaso, Casa de los Ripa (Calle Santa María), Casa de los Múzquiz-Aldunate (Calle de San Pedro), Palacio de los Urra (Plaza de los Urra), Palacio de los Dicastillo (Calle de San Pedro) und Palacio de los Cerceda (Calle de Tidón).

Der Reisende findet in Viana Unterkunft in einer Pension in der Calle Navarro Villoslada. Es bietet sich an, eine Tour nach Viana längs dem Jakobsweg nach Estella und Puente la Reina fortzusetzen (vgl. gesonderte Exkursion).

Estella und Puente la Reina (Navarra)

In Richtung Pamplona locken längs dem Jakobsweg die alte Residenzstadt Estella und das an Baudenkmälern reiche Städtchen Puente la Reina. Übernachtungen kann der Reisende in Hotels und Hostals sowohl in Estella als auch in Puente la Reina (größere Auswahl) einplanen.

Zwischen Logroño und Estella liegen etwa 40 Fahrtkilometer. Es geht über Viana (vgl. gesondertes Kapitel) und Torres del Río (romanische Kirche Santo Sepulcro) nach Los Arcos. Während rund um Viana Mandeln, Wein, Oliven und Getreide angebaut werden, sind es im fruchtbaren Gebiet um Los Arcos und Estella Obst- und Gemüsesorten aller Art. Besonders bekannt sind die Paprikaschoten.

Nach einem kurzen Stopp in Los Arcos (Santa-María-Kirche mit platereskem Portal, gotischem Kreuzgang und wertvollen Altargemälden aus Holz) leitet die Straße vorbei am Irache-Kloster (Monasterio de Irache mit romanischer Klosterkirche und Renaissance-Kreuzgang) nach Estella.

Im Volksmund hat Estella den Beinamen »la bella« bekommen – die Schöne. Das Prädikat bezieht sich auf die pittoreske Struktur über dem Río Ega und die Vielfalt an Baudenkmälern. In der einstigen Residenzstadt der navarresischen Könige sollte man die Plaza San Martín als Ausgangspunkt zu einem Streifzug nehmen. Dort erheben sich das Alte Rathaus (17. Jahrhundert) und der Königspalast aus dem 12. Jahrhundert. Aus jenem Jahrhundert datiert auch die bekannte Kirche San Pedro de la Rúa mit ihrem von maurischen Elementen versetzten Portal, dem herrlichen Kreuzgang romanischen Ursprungs und dem Reichtum an Skulpturen und Reliquien.

Ein Rundgang durch Estella sollte des weiteren zur romanischen Kirche San Miguel, zum Kloster Santo Domingo im einstigen Judenviertel, zur gotischen Kirche Santo Sepulcro und zum ursprünglich romanischen Gotteshaus San Juan mit seinem Hochaltar aus der Renaissance führen. Nicht vergessen darf man die Kirchen Santa María Jus (13. Jahrhundert) und San Pedro de Lizarra (14. Jahrhundert) sowie die Klöster San Benito und Santa Clara de Asis. Oberhalb von Estella liegt das Heiligtum der Virgen del Puy (Rundblick).

In Estella spiegelt sich die baugeschichtliche Vielfalt auch in zahlreichen Herrenhäusern wider. Dazu zählen unter anderem der Palacio del Gobernador (Calle de la Rúa), die Casa de Fray Diego (Calle de la Rúa), die Casa de los Modet (Calle Mayor) und die Casa de los Ruiz de alda (Calle de la Rúa) sowie die um das Jahr 1700 errichteten Barockbauten an der Plaza de los Fueros.

Von dieser altehrwürdigen Handels- und Pilgerstadt aus kann man einen Abstecher zum rund elf Kilometer nördlich gelegenen Kloster von Iranzu (Zisterzienserkloster; 12. bis 15. Jahrhundert) unternehmen.

Anfang August geht es in Estella bei den Patronatsfeierlichkeiten hoch her. Dann finden die traditionellen Stiertreiben (Encierros) und das Herablassen eines als Engel verkleideten Kindes (Bajadicas) statt.

Knapp 20 Kilometer sind es von Estella nach Puente la Reina. Vor der Einfahrt in den Ort sieht man linker Hand das Wahrzeichen des Städtchens, von dem sich sein Name ableitet. Es ist die einstige Puente Regina, die Brücke der Königin: ein romanisches Bauwerk, das sich malerisch über den Río Arga spannt.

Rúa Mayor heißt die alte Pilgerstraße durch den Ort. In deren Bereich befinden sich architektonische Kostbarkeiten, so die Pfarrkirche Santiago el Mayor. Diese wurde Mitte des 16. Jahrhunderts auf den Resten eines romanischen Gotteshauses errichtet. Vom ursprünglichen Bau sind zwei sehenswerte Portale erhalten. Im Innern der im 18. Jahrhundert erheblich erweiterten Kirche sieht man das große barocke Retabel mit Skulpturen von Santiago, San Roque und San Sebastián.

Im Zentrum gelangt man an die elegante Plaza Mayor und die spätmittelalterliche San-Pedro-Kirche. Verehrt wird dort das Bildnis der Virgen del Txori.

Ein wenig außerhalb des städtischen Herzstücks ist die bekannteste Kirche von Puente la Reina erreicht: die Iglesia del Crucifijo (Ursprünge im 12. Jahrhundert). Beachtenswert sind das romanische Portal und ein Bildnis der Nuestra Señora de los Huertos. Durch einen steinernen Bogen ist die Crucifijo-Kirche mit dem alten Pilgerhospital verbunden.

An der Stadtausfahrt Richtung Pamplona sollte man rechter Hand auf das 1965 aufgestellte kleine Pilger-Denkmal achten. Es fällt schwer, dem freundlichen Puente la Reina »Adiós« zu sagen.

Da es von dem Städtchen nur rund 25 Kilometer bis Pamplona sind, kann man eine Tourkombination mit der Provinzhauptstadt erwägen. An dieser Stelle möchte ich auf ausführlichere Beschreibungen in meinen beiden in der edition aragon publizierten Büchern »Baskenland – Navarra« und »Pamplona – Stadt der Sanfermines« aufmerksam machen.

Der Jakobsweg (Camino de Santiago)

Pilger aus aller Welt

Waren es ab dem Hochmittelalter unzählige Könige, Künstler, Kaufleute und einfache Pilger aus ganz Europa, die auf ihrem Weg zum Grab des Apostels Jakobus im galizischen Santiago die Compostela durch die Gegenden des nördlichen Spanien kamen, so sind es heute Wallfahrer und Touristen aus aller Welt, die für eine Renaissance der Bedeutung und des Interesses am »Camino de Santiago« sorgen. Manche fahren die Routen in Bus oder eigenem Fahrzeug ab, andere suchen als Pedalritter oder auf Schusters Rappen eine schweißtreibende Herausforderung.

Der Jakobsweg führt nicht nur auf einsamen Pfaden durch unberührte Natur, sondern zuweilen auch unmittelbar an Hauptverkehrsadern entlang. Im navarresischen Städtchen Puente la Reina vereinigen sich die von Frankreich aus über den westlichen Teil der Pyrenäen führenden Wege. Ab dort geht es weiter westwärts in Richtung Estella und Viana, bis bei Logroño der Ebro überquert wird. Und damit befindet man sich mitten in der Rioja.

Ab etwa 1000 nach der Zeitenwende waren sich die Herrscher über jene Gebiete der Wichtigkeit des Pilgerweges bewußt und ließen entlang der Straßen und Pfade Dörfer, Krankenhäuser, Klöster und Kirchen gründen, ließen Brücken bauen und Straßenkreuze errichten, unterstützten maßgeblich den Handel und sorgten für die Verbesserung der Infrastruktur. So spiegelt sich der kulturelle und künstlerische Einfluß des Pilgerweges auf vielfältigste Art wider; manche Städtchen und Dörfer wirken wie kunsthistorische Freilichtmuseen.

Die Überlieferung berichtet, daß der Apostel Jakobus der Ältere im Jahre 44 unserer Zeitrechnung aufgrund eines Dekrets des Herodes Agrippa hingerichtet wurde. Sein Leichnam wurde über das Meer bis nach Padrón in Galizien und von dort nach Compostela gebracht und begraben. Im 9. Jahrhundert wurde das Grab entdeckt, und das zu jener Zeit in Galizien herrschende asturisch-leonesische Königshaus verbreitete die Kunde von diesem Fund in ganz Europa. Erste kleinere Pilgerzüge setzten ein. Zunächst waren es Christen aus der näheren Umgebung, die kamen, um am Grab des späteren Schutzpatrons von Spanien zu beten. Bald organisierten die Mönche von Cluny Pilgerzüge aus der Bourgogne, und in späteren Jahren reisten Wallfahrer aus ganz Europa an. Die britischen Pilger kamen über den Ärmelkanal, die Italiener über die Alpen, die nordischen Pilger durch Zentraleuropa. Sie alle trafen sich auf den vier Pilgerwegen, die Frankreich durchzogen. Ausgangspunkte waren Paris, Vezelay, Le Puy und Arles.

Die höchste Blüte verzeichnete der »Camino de Santiago« im 11. und 12. Jahrhundert, da die asturischen Könige im Zuge der Reconquista Santiago zum Schutzpatron ihres Kampfes gegen die Mauren gemacht hatten. Compostela avancierte bald neben Rom und Jerusalem zum meistbesuchten mittelalterlichen Wallfahrtsziel. Vor dem Hintergrund von Kriegen und Kreuzzügen war es folgerichtig, daß sich zahlreiche Pilger auf den Weg Richtung Santiago de Compostela machten, um Buße zu tun und um Verzeihung ihrer Sünden zu bitten. Doch nicht nur Könige wie Louis XI. von Frankreich und Alfonso VI. von Kastilien, Künstler, Bischöfe und Adelige zogen auf dem Jakobsweg entlang, sondern auch Bettler und Wegelagerer. Auf den langen und oft einsamen Passagen wurden schutzlose Pilger mitunter zur leichten Beute von dunklen Gesellen.

Wichtig waren die längs des Weges eingerichteten Krankenhäuser, in denen die Wallfahrer Hilfe finden und auf Mahlzeiten hoffen konnten. In jedem Krankenhaus gab es neben einem Geistlichen auch Krankenbrüder, die dem Vorbeiziehenden ein Bad, Logis und ärztliche Hilfe zukommen ließen. Eine wichtige Einrichtung an den Krankenhäusern war eine Signalglocke, an deren Läuten sich die Pilger bei Nacht und bei Nebel zu orientieren vermochten.

Um den Jakobsweg zu bevölkern, boten die jeweiligen Herrscher den am Weg gelegenen Ansiedlungen Sonderrechte, so daß nicht nur imposante Bauwerke entstanden, sondern in der Bevölkerung auch ein hoher Lebensstandard erreicht wurde. Jener ökonomische Aufschwung führte gelegentlich zu Streitigkeiten unter den Verantwortlichen einzelner Dörfer, da das Privileg begehrt war, obligatorische Absteige für die Pilger zu sein.

Der navarresische Herrscher Sancho III. zum Beispiel bereitete den Streitigkeiten in der ersten Hälfte des 11. Jahrhunderts ein Ende, indem er zwei Hauptreiserouten festlegte: eine von Valcarlos über Roncesvalles und Pamplona nach Puente la Reina und die zweite über Leyre, Sangüesa und Monreal zum Straßenschnittpunkt Puente la Reina. Neben diesen vom König vorgegebenen Strecken hielten die Pilger jedoch an Nebenwegen fest. So begingen manche Wallfahrer weiterhin die Route über Bayonne und den Velate-Paß bis Pamplona oder die Airbar-Strecke ab Sangüesa und durch Eslava, Lerga, San Martín de Unx, Artajona und Mendigorría nach Puente la Reina. Andere Gläubige bevorzugten die Nord-Variante, die von Fuenterrabía bis nach Santiago de Compostela an der Küste entlangführte, doch die Routen durch das Landesinnere waren weitaus wichtiger.

Im Hinblick auf das gesamte Netz des Jakobsweges liefen traditionell im französischen Städtchen Ostabat nahe der Grenze zu Spanien die Wege ab Paris, Vezelay und Le Puy zusammen. Von dort aus setzten sie sich über die Pyrenäen hinweg fort Richtung Roncesvalles, Pamplona, Puente la Reina und Logroño.

Der südlichste Weg ab Arles führte über Toulouse, kreuzte den Pyrenäenpaß von Somport und lief mit dem zweiten Hauptweg in Puente la Reina (Navarra) zusammen. Das der Rioja benachbarte Navarra entwickelte sich so zum Knotenpunkt der Pilgerwege.

Ab der französisch-spanischen Grenze bei Valcarlos lauten die wichtigsten Stationen bis zum Treffpunkt der Pilgerwege in Puente la Reina:

Ibañeta-Paß (Rolandsdenkmal) – Roncesvalles (Stiftskirche, Kapellen, Museum) – Burguete – Espinal – Viscarret – Erro – Zubiri – Urdaniz – Larraosaña – Zuriain – Iroz – Zabaldica – Huarte – Villava – Burlada – Pamplona (Kathedrale, Kirchen, Paläste, Plätze, Parks, Zitadelle) – Cizur Mayor – Cizur

Menor – Astráin – Basongaiz – Legarda – Puente la Reina (Kirchen, romanische Brücke).

Die südliche Variante bis Puente la Reina auf der spanischen Seite mit Start an der Grenze beim Somport-Paß erreicht folgende Orte:

Jaca (Kathedrale, Zitadelle, Kloster) – Abzweig Santa Cruz de la Serós (Klosterkirche) und San Juan de la Peña (Bergkloster) – Peña (Bergkloster) – Yesa-Stausee – Leyre (Kloster) – Javier (Felsenburg) – Sangüesa (Kirchen, Paläste) – Liédena – Idocin – Monreal – Yarnoz – Otano – Ezperun – Tiebas – Campanas – Eneritz – Eunate (Kirche) – Obanos – Puente la Reina.

Ab Puente la Reina heißen die Etappenziele auf dem Weg nach Logroño:

Mañeru – Cirauqui – Lorca – Villatuerta – Estella (Kirchen, Paläste, Heiligtum Virgen del Puy) – Ayegui – Irache (Kloster) – Azqueta – Villamayor de Monjardín – Urbiola – Los Arcos – Sansol – Torres del Río – Viana (Kirchen) – Ebro-Fluß – Logroño.

Ab der riojanischen Hauptstadt Logroño kann man den verbleibenden und rund 560 Kilometer langen Jakobsweg nach Santiago de Compostela in zehn Etappen unterteilen:

- Logroño – Navarrete – Nájera (23 km).
- Nájera – Azofra – Cirueña – oder riojanische Variante von Nájera nach Cirueña über San Millán de la Cogolla – Santo Domingo de la Calzada – Grañón – Redecilla – Belorado – Villafranca – Montes de Oca – Atapuerca – Burgos (85 km).
- Burgos – Tardajos – Hornillos – Castrojeriz – Itero del Castillo – Frómista (59 km).
- Frómista – Carrión – Sahagún (55 km).
- Sahagún – Mansilla – Castro de los Judíos – León (52 km).
- León – Orbigo – Astorga – Rabanal (64 km).
- Rabanal – Monte Irago (Foncebadón) – Molinaseca – Ponferrada – Cacabelos – Villafranca (49 km).
- Villafranca – Castro Sarracín – Villaus (Herrerías) – Cebreiro – Liñares do Rei – Triacastela (47 km).
- Triacastela – San Miguel – Barbadelo – Portomarín – Sala de la Reina (Ventas de Narón) – Palas do Rei (58 km).
- Palas do Rei – Leboreiro – Boente – Castañeda – Vilanova – Ferreiros – Lavacolla – Santiago de Compostela (63 km).

Die steigende Zugkraft des Jakobsweges hat sich längst in Marketing-Strategien der Autonomen Gemeinschaften und Provinzen Spaniens niedergeschlagen. Allerorten wirbt man mit dem Jakobsweg. Für den Touristen birgt dies mannigfaltige Vorteile. Das reicht von Wegmarkierungen bis hin zu einer größeren Auswahl an **Unterkünften** und Restaurants in den einzelnen Orten und Städten.

Im Dezember 1993 wurde der Jakobsweg auf spanischer Seite von der UNESCO zum Kulturerbe der Menschheit deklariert. Damit steht der »Camino de Santiago« auf einer Stufe mit unvergleichlichen Kulturgütern wie der Alhambra von Granada, der Kathedrale von Burgos und den Höhlen von Altamira.

Der Jakobsweg durch La Rioja

Der Wind peitscht über die Weiten. Rebstöcke stehen in reicher Blüte. Tausendjährige Dörfer haben sich Idylle

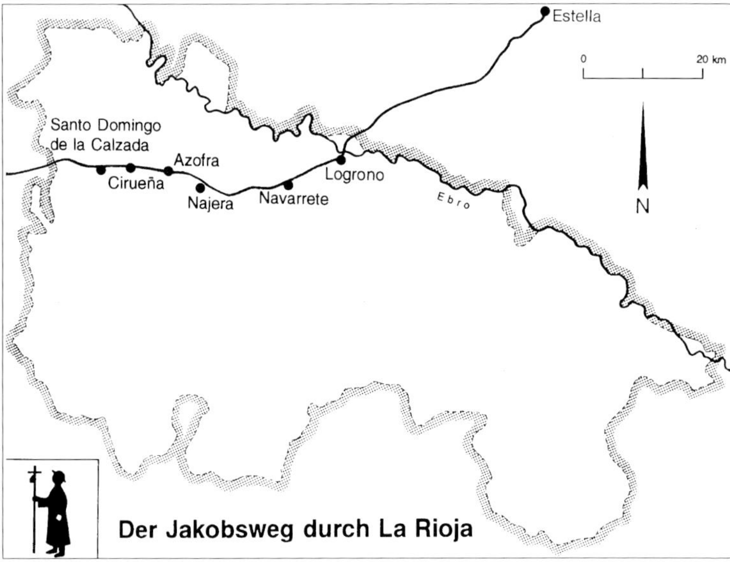

Der Jakobsweg durch La Rioja

und Beschaulichkeit erhalten. Impressionen längs des Jakobsweg. Über eine Länge von rund 50 Kilometern windet sich der Camino de Santiago durch die Rioja. Die Strecke ist kurz, doch die Anzahl der sehenswerten Monumente und Stätten ist groß.

Auf dem Weg durch die Rioja kreuzt der Pilger vier Flüsse (**Ebro**, **Yalde**, **Najerilla** und **Oja**) und durchmißt sieben Städte und Dörfer: **Logroño**, **Navarrete**, **Nájera**, **Azofra**, **Cirueña**, **Santo Domingo de la Calzada** und **Grañón**. Empfehlenswert ist auch die Nebenstrecke von Nájera über Berceo nach San Millán de la Cogolla (Klöster **Yuso** und **Suso**) und ab dort über Villar de Torre und vorbei am Cañas-Kloster nach Cirueña.

Unterkünfte längs dem Jakobsweg befinden sich in Logroño, Nájera, Navarrete, San Millán de la Cogolla und Santo Domingo de la Calzada; vgl. dazu unter den Stichworten »Hotels und Pensionen«, »Camping«, »Landhäuser« und »Pilgerherbergen« im allgemeinen praktischen Teil.

Der Jakobsweg ist in der Regel leicht zu finden. Typische Markierungen sind die gelben Pfeile, die steinernen Jakobsmuscheln und die blauen Schilder mit den Pilgersymbolen.

Jakobsweg-Etappen durch die Rioja

Hinter dem navarresischen Örtchen Viana (vgl. gesonderten Exkurs ab Logroño) erreicht der Jakobsweg die Rioja (km 0). Erste Station ist die Provinzhauptstadt Logroño (km 3) mit all ihren Kirchen und Palästen, Plätzen und Mauern, der Kathedrale und der Espolón-Promenade. Läßt man in Logroño die steinerne Brücke über den Río Ebro hinter sich, pilgert man bald durch die historische Gasse Rua Vieja (vgl. hierzu den umfangreichen Block zu Logroño und vor allem das Unterkapitel »Der Jakobsweg durch Logroño«).

Südwestlich von Logroño sind rasch die nächsten kleinen Etappenziele erreicht: Parque de la Grajera (km 8), Navarrete (km 14), Alto de San Antón (km 22) und Nájera (km 27) Weiter geht es auf dem Camino de Santiago mit folgenden Stops: Azofra (km 32), Cirueña (km 41), Santo Domingo de la Calzada (km 46) und Grañón (km 52). Der Nebenweg von Nájera über Berceo nach San Millán de la Cogolla und ab dort über das Cañas-Kloster nach Cirueña ist etwa 30 Kilometer lang.

Von Logroño nach Nájera

»Auf, Richtung Südwesten«, heißt es ab Logroño. Nicht gerade fürs Auge geschaffen sind die Industrieansiedlungen in jenen Außenbezirken der Provinzhauptstadt. Nach wenigen Kilometern gelangt man an das beliebte Naherholungsziel **Parque de la Grajera** mit dem kleinen Stausee. Dieser ist auch von der Nationalstraße 120 Richtung Burgos aus einzusehen. Das Blau des kleinen Sees kontrastiert mit den roten und weißen Hochhausblöcken Logroños im Hintergrund.

Der Stausee wurde Ende des 19. Jahrhunderts angelegt, um für die künstliche Bewässerung in dieser landwirtschaftlich reichen Zone zu sorgen. Die Oberfläche des Gewässers erstreckt sich über 32 Hektar. Mit etwas Glück kann man Wasserhühner, Enten und Reiher sichten. In den Uferzonen wachsen Schilf und spanisches Rohr.

Die landschaftliche Szenerie auf dem Weg nach Navarrete ist von Weinreben geprägt. Nach dem Weg über die Autobahn gelangt man an die Ruinen des Hospitals San Juan de Acre. Gegen Ende des 12. Jahrhunderts wurde diese kleine Pilgerstätte auf Betreiben einer engagierten Frau Namens María Ramírez errichtet. Stein für Stein wurden das Portal und die Fenster Ende des 19. Jahrhunderts abgetragen und für das Friedhofstor in Navarrete verwendet. Übriggeblieben ist an der historischen Stätte lediglich ein bescheidenes Ruinenfeld. Von hier aus sind es noch etwa 700 Meter bis **Navarrete**.

Beschaulich ist der 2 000-Einwohner-Ort Navarrete, der rund um einen kleinen Hügel angelegt wurde. Längs der Hauptstraße liegen einige stattliche Häuser aus dem 18. Jahrhundert. Die Pfarrkirche Asunción an der Plaza de la Iglesia wurde zwischen dem 16. und 17. Jahrhundert errichtet. Attraktion im Innern ist das barocke Hauptretabel mit seinem goldenen Glanz.

Weitere Besonderheiten in Navarrete sind vereinzelte Laubengänge sowie kunsthandwerkliche Stätten, in welchen geschickte Töpfer die Tradition pflegen. Das typische Tonwarenstück ist der Henkelkrug.

Am Ortsausgang von Navarrete in Richtung Alto de San Antón liegt der örtliche Friedhof mit dem »geraubten« Portal des Hospitals San Juan de Acre. In den Steinmetzarbeiten sind Szenen aus dem mittelalterlichen Alltag von Pilgern festgehalten worden. Seinerzeit griffen die Künstler auch das Motiv des Kampfes zwischen Roland und dem Riesen Ferragut auf. Ein kleines, einfaches Monument erinnert zudem an den tragischen Tod der belgischen Pilgerin Alice de Craemer im Jahre 1986.

Weinstöcke begleiten den Pilger weiter auf dem Weg nach Nájera. Es ist nicht verwunderlich, daß alleine in einem kleinen Ort wie Navarrete mehrere größere Bodegas existieren. Wer Interesse hat, sollte sich in den Büros nach Besichtigungsmöglichkeiten erkundigen.

Die Landschaft hat einen ganz eigenen Charakter. In Ansätzen erinnert sie bereits an die Meseta, die riesige kastilische Hochebene mit ihren unzähligen Braun-, Gelb- und dunklen Rottönen. Weitgezogen präsentieren sich die Feldflächen. Der Wein wird wahrlich von der Sonne verwöhnt. Die Blicke erkennen in der Ferne die Ausläufer des Iberischen Randgebirges, das sich im Winter oftmals schneegekrönt zeigt.

Rund acht Kilometer hinter Navarrete erreicht man den **Alto de San Antón**, einen kleinen Hügel mit Panoramablikken über den Río Najerillo. Zu erkennen ist von dort oben auch die Spitze des San-Lorenzo-Berges. Mit seinen 2 271 Metern ist dies die höchste Erhebung in der Rioja.

Auf dem Alto de San Antón sind nur wenige spärliche Reste von einem kleinen romanischen Kloster erhalten. Dessen Vergangenheit verliert sich ebenso im Dunkeln der Geschichte wie die Legende von zahlreichen Räubern und Wegelagerern, die in dieser Gegend ihr Unwesen getrieben haben sollen. Die meist wehr- und schutzlosen Pilger waren ihnen willkommene Opfer.

Auf dem weiteren Weg nach Nájera erblickt man einen kleinen Hügel, der aus der Felderlandschaft ragt. Im Volksmund wird er **Cerro de Roldán** oder Poyo Roldán genannt. Den überlieferten Traditionen zufolge soll es sich um jene Stätte handeln, an der Roland den Riesen Ferragut mit einem gezielten Steinwurf an dessen Stirn außer Gefecht setzte und so die Gefangenen aus der Burg des Giganten befreite. Doch diese Legende kennt viele Varianten. In einer anderen ist davon die Rede, daß Roland mit einem Dolch den Nabel des Riesen durchstieß.

Über den Río Yalde geht es Nájera entgegen. Einen kleinen Abstecher auf dem Weg dorthin ist das Dorf **Tricio** wert mit seiner kleinen Einsiedlerkapelle Virgen de Arcos. Zu beachten sind der Säulengang sowie die romanischen Wandmalereien im Innern des kleinen Tempels. Schon die Römer soll es immer wieder in das Gebiet um Tricio gezogen haben, da dort die weit und breit besten Paprikaschoten reiften.

Nájera – Klosterstädtchen am Río Najerilla

Schritte verhallen in den engen Gassen. In der winzigen Fußgängerzone der Altstadt rund um die Calle Mayor warten noch winzigere Geschäfte auf Kundschaft. Und wenn sich der Schatten der Siesta über Nájera legt, nutzen die Jüngsten den freien Vorhof am Kloster Santa María la Real und knallen mit Herzenslust ihre Pelotabälle gegen die altehrwürdigen Mauern – ein idealer Spielplatz.

Szenen aus Nájera. Es ist ein bezauberndes Städtchen, dessen sehenswerter Kern sich zwischen das mächtige Felsmassiv und den Lauf des Río Najerilla zwängt. Im Hochmittelalter etablierte sich Nájera als wichtige Station am Pilgerweg, deren Charakter durch den Bau der Klosteranlage noch gefestigt wurde. Im 10. Jahrhundert avancierte Nájera sogar zum Hof der Könige von **Navarra**, und das erste navarresische Geld wurde hier geprägt.

König García befahl um das Jahr 1030 den Bau des Klosters Santa María (vgl. dazu auch das nachstehende Kapitel »Das Rebhuhn, der Habicht und das Wunder von Nájera – eine Legende«). Es war zu jenen Zeiten, da in dieser Ge-

Kloster Santa Maria, Najera

gend der Iberischen Halbinsel im Zuge der Reconquista die Konflikte zwischen Christen und Mauren weiter eskalierten.

Das in späteren Jahrhunderten ausgebaute Kloster beeindruckt vor allem durch seinen gotischen Kreuzgang (Claustro de los Caballeros), das barokke Retabel in der Kirche und das romanische Marienbild der Virgen de la Terraza. In den heiligen Anlagen entstand ein Pantheon für Herrscher und Adlige. Unter den Gräbern sind besonders die Stätten für Doña Blanca de Navarra und die Herzöge von Nájera zu nennen. Die Grabstätte der Doña Blanca liegt unter einer mit romanischen Reliefs verzierten Decke. Aufmerksamkeit verdient ferner das gotische Chorgestühl vom Ende des 15. Jahrhunderts. In den Klosteranlagen ist nach wie vor eine Pilgerherberge untergebracht.

»Licht, feines Licht, sanfte Klarheit« – so schwärmte der bekannte spanische Dichter Azorín einst von der Atmosphäre in Nájera. Die Stadt hat freilich auch andere Seiten. An den Wochenenden schwärmt die Jugend aus dieser Zone in den Gassen aus. Viele Häuser in Nájera wirken baufällig, und durch die engen Straßen auf der gegenüberliegenden Seite des Flusses wälzt sich schwerfällig der Verkehr.

Für viele ist Nájera eine wirkliche Entdeckung. Gegenüber dem Kloster kann man das lokale Museum (Museo de Nájera, auch Museo Arqueológico Municipal) besuchen. Wer an den Außenmauern des Klosterkomplexes entlangstreift, bemerkt die runden Türme und die mächtigen Steinblöcke, die für die Anlage verwendet wurden. Auch die Straßenschilder finden Beachtung. Auf einem nahe dem Kloster liest man: Calle de las Viudas. Ein makaberer Name ist das – die Straße der Witwen...

Das Rebhuhn, der Habicht und das Wunder von Nájera – eine Legende

Mächtige Gemäuer, runde Türme und herrliche Patios sind vom Kloster Santa María de Nájera erhalten. In der Siesta schleudern heute Kinder im Vorhof nach Herzenslust Pelotabälle gegen die altehrwürdigen Außenmauern. Dort, wo sich die Jahrhunderte um die Legende vom Rebhuhn, dem Habicht und dem Wunder von Nájera ranken...

Es war zu jenen Zeiten im elften Jahrhundert, da Navarras Herrscher García zur Jagd auszurücken pflegte. Stets erfreute es ihn, inmitten der Natur von Politik und Krieg abgelenkt zu sein. An einem dieser Tage aber wirkte der König äußerst unruhig.

García war mit einem Troß seiner Getreuen unterwegs. Plötzlich tauchte am Himmel ein Rebhuhn auf. Blitzschnell wurde des Königs Habicht auf den kleinen Vogel losgelassen. Mit aufgebrachtem Flügelschlag flog das Rebhuhn um sein Leben. Der Habicht aber kam näher und näher. García und sein Gefolge gaben ihren Pferden die Sporen und sprengten hinweg über die Wege und durch Wälder aus Eichen und Buchen. Immer wieder hielten sie Ausschau nach dem tapferen Rebhuhn, das seinen Verfolger ein ums andere Mal mit geschickten Manövern narrte. Doch der Jagdvogel ließ nicht von ihm ab.

An den Gestaden des Río Najerilla suchte das Rebhuhn in all seiner Angst Schutz in einem dichten, schattigen Wald unterhalb eines gewaltigen Felsmassivs. Pfeilschnell schoß der Habicht auf sein Opfer zu, doch zwischen den dunklen Bäumen verlor er es sogleich aus den Augen. Beide Vögel flogen ziellos umher und verirrten sich in dem unheimlichen Forst.

Als König García und die Seinen den Waldsaum erreichten, waren sie sicher, daß der Habicht das Rebhuhn längst in seinen Krallen hatte. Aber die Vögel blieben verschwunden. Der König selbst ritt ein Stück in den Wald hinein. Er hörte nichts. Dann sandte er seine besten Späher aus, die bald erschöpft und erfolglos zurückkehrten.

García kam die Sache merkwürdig vor. Er ritt ein Stück am Waldsaum entlang und schaute in das dichte Ast- und Blattwerk. Plötzlich entdeckte er die Konturen eines großen Höhleneingangs. »Ob Habicht und Rebhuhn dort hineingeflogen sind?« fragte er sich leise.

Der König und seine Gefolgsleute stiegen von ihren Pferden und bahnten sich den düsteren Weg zur Grotte. Stockfinster war das Höhleninnere. García befahl einem seiner Diener, Fakkeln zu entzünden. Erschreckt zuckten der Monarch und sein Gefolge zusammen, als der pflanzenbewachsene Zugang zur Höhle ausgeleuchtet wurde.

Ehrfürchtig blickten alle auf ein Bildnis der heiligen Jungfrau María inmitten der Grotte. Größer noch war die Überraschung, als sie zu Füßen der Statue in friedlicher Eintracht das Rebhuhn und den Habicht sahen.

»Das müssen übernatürliche Kräfte sein«, murmelte König García.

Der Herrscher befahl, an jener Stelle ein Heiligtum zu errichten, dem man den Namen der heiligen Jungfrau gab: Santa María de Nájera. Es ist eines der schönsten Klöster in Nordspanien.

Von Nájera nach Santo Domingo de la Calzada

An sanften Hügeln und Anbauzonen zieht es die Pilger vorbei auf dem 19 Kilometer langen Abschnitt zwischen Nájera und Danto Domingo de la Calzada. Der staubige Weg lenkt hinter Nájera ein in einen Pinienwald. Im Jahre 1160 soll in dieser Zone das Heer des Pedro I. el Cruel vor der Schlacht von Nájera kampiert haben, bei der dieser seinen Bruder Enrique de Trastámara vernichtend schlug.

Im Örtchen **Azofra** wurden im 12. Jahrhundert ein Hospital und ein Friedhof für die Pilger errichtet. Trutzig erhebt sich die Kirche über dem Dorf. Im Innern des Sakralbaus fällt der Blick auf ein Jakobus-Bildnis am Hauptretabel. Dieses Bild des Santiago verließ in der Jahresmitte 1992 kurzzeitig seinen angestammten Platz und diente als Symbol bei einer Prozession anläßlich der Eröffnung der Pilgerherberge von Azofra. Deren Bau war durch eine Gruppe treuer deutscher Wallfahrer aus Köln forciert worden.

Wie in vielen solcher Dörfer, so fallen auch in Azofra die Hauskonstruktionen aus Bruchstein und Ziegeln auf. Rund um den Ort werden Wein, Kartoffeln, rote Rüben und Getreide angebaut.

An der Fuente des los Romeros geht es hinaus aus Azofra und weiter durch eine plane Szenerie aus Weinfeldern und Wiesen. Von Azofra bis Cirueña sind es etwa neun Kilometer. Rund um **Cirueña** überraschen die Bestände an Eichenwäldern, die einen Eindruck von der ursprünglichen Naturlandschaft in der Rioja vermitteln. Die Strecke über Cirueña bis nach Santo Domingo de la Calzada verläuft höhepunktlos. Die Blicke schweifen über die Felder und bis zu den Ausläufern der **Sierra de la Demanda**. Doch schon jetzt kann man sich freuen. Auf Santo Domingo de la Calzada, einen der Höhepunkte auf dem nordspanischen Camino de Santiago. Weithin sichtbar ragt der markante Kathedralturm aus dem Städtchen auf.

Santo Domingo de la Calzada – Kathedrale, Kirchen und Legenden

Schon im 12. Jahrhundert wurde der Besuch dieses Ortes im berühmten Codex Calixtinus empfohlen. Santo Domingo de la Calzada – der Name klingt melodisch. Der heilige Domingo »von der Chaussee« (de la Calzada) schuf einst im Hochmittelalter die Basis für diese Pilgerstätte. Über den Ruinen eines verlassenen Bauwerks errichtete der Einsiedler im Jahre 1044 eine Wallfahrtskapelle und eine Herberge für die Pilger.

Santo Domingo hatte es sich in den Kopf gesetzt, die Pilgerzüge Richtung Compostela maßgeblich zu erleichtern. So sorgte er auch für den Bau der Brücke über den Río Oja und für befestigte Straßen im Umland. Um den Brückenbau rankt sich manch wundersame Legende. Doch bekannter noch ist die, welche rund 300 Jahre nach dem Tod des Dominikius (1109) entstand. Ein Pilgerführer erzählt die Geschichte:

»Ein Bursche, der mit seinen Eltern nach Compostela pilgerte, wies in Santo Domingo de la Calzada anscheinend das Werben einer der Mägde des Gasthofes, in dem er Rast machte, zurück. Aus Rache versteckte diese in seinem Gepäck einen silbernen Becher und klagte ihn des Diebstahls an. Der Richter verurteilte den Unschuldigen zur Todesstrafe durch Erhängen. Seine Eltern zogen indes weiter zum Grab des Apostels nach Compostela. Bei ihrer Rückkehr hielten sie vor dem Henkerspfahl an und stellten erstaunt fest, daß ihr Sohn noch lebte und gesund war. Sogleich benachrichtigten sie den Landrichter, der sich gerade an den Tisch setzen und einen gebratenen Hahn und ein gebratenes Huhn verspeisen wollte. Ungläubig rief er aus, daß die Federtiere auf seinem Teller krähen würden, wenn der Bursche noch lebte. Und tatsächlich. Das Huhn begann zu krähen...«

In Santo Domingo de la Calzada haben sich die Legenden ebenso erhalten wie die sehenswerten Bauwerke. Im Zentrum des Städtchens erhebt sich gewaltig die Kathedrale. Bereits Ende des 11. Jahrhunderts wurde mit dem Bau des Gotteshauses in romanischem Stil begonnen. Im 12. und 13. Jahrhundert wurde die Kirche erweitert und weist demzufolge gotische Elemente auf. Zuweilen diente sie auch als Wehrkirche. Eindrucksvoll im Innern sind der im 16. Jahrhundert von Damián Forment geschaffene platereske Aufsatz des Hochaltars sowie das Alabastermausoleum des Santo Domingo. Nicht versäumen sollte man es, sich den aus dem 14. Jahrhundert datierenden Kreuzgang, den Kapitelsaal und die Sakristei anzuschauen. Noch mehr Aufmerksamkeit dürfte indes der kleine »Hühnerstall« (Gallinero) erregen, der an das Wunder des erhängten und dennoch lebendigen Pilgers erinnert.

Der Kathedralturm stammt aus der Barock-Epoche und wurde im 18. Jahrhundert nach Plänen von Martín de Beratúa errichtet. Dieser schlanke Bau ist vom eigentlichen Gotteshaus durch eine schmale Gasse getrennt.

Für Besucher mit Sinn für Stil und Eleganz wichtig: Am Kathedralplatz liegt der jüngst neueröffnete Parador de Turismo.

Wer um den Kathedralbau schlendert, hat bald ein weiteres urbanes Ju-

Plaza de España in Santo Domingo de la Calzada

wel im Blick: die Plaza de España (auch Plaza Mayor oder Plaza del Ayuntamiento). Die langgezogene Gebäudefront mit ihren Arkaden aus dem 18. Jahrhundert gehört zum Rathaus (Ayuntamiento). Unmittelbar daneben liegt der örtliche Gerichtshof (Juzgado de Paz). Die Plaza bezaubert durch einen kleinen Brunnen und einen fünfarmigen Laternenleuchter auf einem Sockel in der Mitte.

Wer von der Plaza aus durch das Verbindungsportal des Rathauses schreitet, kommt an einer Straße aus und hält sich dann links. Nach wenigen Gehminuten erreicht man in der Avenida de Burgos die klobigen und zum Teil von Büscheln bewachsenen Reste der Stadtmauer.

Weiterhin sehenswert ist in Santo Domingo de la Calzada die Calle Mayor Nummer 42. Dort ist nach wie vor eine Pilgerherberge untergebracht, die von einer bereits im 12. Jahrhundert ins Leben gerufenen Laienbruderschaft betrieben wird. Dort existiert ein Informationsbüro für Wallfahrer.

An interessanten Bauwerken finden sich in dem Städtchen des weiteren der Konvent Bernardas Reales aus dem 17. Jahrhundert, der im 15. Jahrhundert begonnene Konvent San Francisco mit einer heutigen Restaurationswerkstatt für altes Kunsthandwerk und die Espolón-Promenade.

Die bunten Patronatsfeierlichkeiten steigen in Santo Domingo alljährlich am 12. Mai und gehen mit Umzügen und Tanzveranstaltungen einher. Die dem Heiligen gewidmete Fiesta beginnt in der Regel jedoch bereits in der zweiten Aprilhälfte.

Von Santo Domingo de la Calzada bis zur Provinzgrenze

Gerne wendet man sich auf der langen Brücke über den Río Oja noch einmal zurück und nimmt das Bild des hochaufragenden Kathedralturms von Santo Domingo de la Calzada in sich auf. Zwischen Santo Domingo und **Grañón** geht man vorbei an einem schlichten Holzkreuz, das an die kriegerischen Konflikte beider Orte während des Mittelalters erinnert. Streitpunkt waren die Weiden auf halber Strecke. Das Gedenkkreuz ist unter dem Namen »Cruz de los Valientes« bekannt.

Grañón gilt als ein typischer Pilgerort. Die malerische Calle Mayor mit all ihren Laternchen und blumenbestandenen Balkons ist die Hauptachse durch dieses im 12. Jahrhundert gegründete Dorf. Aufsuchen sollte man auf jeden Fall die Pfarrkirche San Juan Bautista. Im Innern des Gotteshauses wird man überrascht sein vom Hauptretabel. Dieses Schmuckstück aus der Renaissance wurde anläßlich des Jakobusjahres 1993 umfassend restauriert. Zu sehen sind Bildnisse von Santiago und vom heiligen Domingo de la Calzada. Am Ortsausgang von Grañón steht die Judíos-Einsiedelei. Zwei Kilometer südlich des Ortes erreicht man die Einsiedlerkapelle Nuestra Señora de Carrasquedo inmitten von einem dichten Eichenwald. Der kleine Barockbau datiert aus dem 17. Jahrhundert und beherbergt interessante Votivbilder. Es handelt sich um die bedeutenste Sammlung ihrer Art in der Rioja.

Rund zwei Kilometer westlich von Grañón passiert man die Provinzgrenze Richtung **Burgos** und befindet sich gleichzeitig in der Autonomen Gemeinschaft Castilla y León.

Nebenroute I: Von Nájera nach San Millán de la Cogolla

An Nájera geht es auf der Nebenroute südlich längs dem Río Najerilla nach **Cárdenas** und weiter über **Badarán** nach **Berceo**. Abwechslungsreich ist das landschaftliche Gesicht. Blicke schweifen über die Weiten von Tälern hinweg auf weiße Dörfer.

Voller Stolz kündet am Ortseingang von Berceo ein Schild, das auf die dem Ort entstammten Persönlichkeiten verweist: San Millán (473 - 574) und Gonzalo de Berceo (1195 - 1246; vgl. dazu das gesonderte Kapitel). Gonzalo de Berceo, dem ersten bekanntgewordenen Dichter in kastilischer Sprache, ist an dem kleinen Rathaus im Ort eine Büste gewidmet. Achten sollte man in Orten wie Berceo auch auf die kleinen Kuriositäten am Rande: ausrangierte Autoreifen als Blumenkübel.

San Millán de la Cogolla – Klöster Suso und Yuso

In einzigartiger Weise vereint das abgeschiedene Örtchen zwei baulich unterschiedliche Komplexe: die Klöster **Suso** und **Yuso**. Weit oberhalb von San Millán de la Cogolla liegt das Suso-Kloster, zu dem sich eine enge Fahrstraße durch reiche Nadelholzwälder hinaufwindet. In wunderbarer Höhenluft kann man oben vom Parkplatz aus den Blick hinab auf den Taleinschnitt mit dem Yuso-Kloster sowie auf Waldgebiete und ferne Felder genießen.

Die Geschichte dieses Gebietes ist eng mit dem Heiligen Millán verbunden, der zwischen 473 und 574 lebte. Millán war ursprünglich Hirte und widmete sich in der Berge Einsamkeit dem Gebet und der Buße. Gelebt haben soll er in einer Höhle, in der sich zahlreiche Rat- und Hilfesuchende aus allen Landesteilen einfanden und die Meinung des Asketen hören wollten. Um das Todesjahr des Millán herum existierte dann bereits eine winzige Einsiedelei nahe dem Suso-Kloster.

Hochgezogene Mauern und schwere Steinblöcke: so präsentiert sich das Suso-Kloster in der Außenansicht. Seine Geschichte reicht ins 10. Jahrhundert zurück. Zu erkennen sind mozarabische Stilelemente, doch ebenso romanische Einflüsse aus späteren Jahren. Durch ein kleines Tor betritt man jene Stätte, die bereits im Mittelalter von zahlreichen Wallfahrern aufgesucht wurde. Schließlich befand sich hier das Grab von San Millán. An das Leben des Heiligen erinnern verschiedene Kästchen aus Gold, Silber und Elfenbein (11. Jahrhundert) sowie ein Alabastermal. Zu beachten sind auch die Säulenreihen im Innern des Klosters sowie dessen direkter Anbau an den Felsen. Im Patio des Eingangs sieht man die Grabstätten der sieben Infanten von Lara.

Am Rande des Dorfes San Millán de la Cogolla erhebt sich das imposante Yuso-Kloster. In Anlehnung an den weltberühmten Renaissancepalast der spanischen Könige westlich von Madrid, El Escorial, wird das sakrale Bauwerk in San Millán gerne als »Escorial der Rioja« bezeichnet.

Die historischen Wurzeln des Yuso-Klosters reichen bis in die Mitte des 11. Jahrhunderts und damit in die Zeiten des navarresischen Herrschers García Sánchez zurück. Dem ursprünglich romanischen Bau widerfuhren zwischen dem 16. und dem 18. Jahrhundert umfangreiche Erweiterungsarbeiten, was seinen immensen künstlerischen Reichtum und die erstaunlichen Ausmaße erklärt.

Großzügig angelegt ist der Vorhof, von dem aus man in das Philologische Zentrum gelangt. Dieses wurde im Oktober des Jahres 1992 von den spanischen Königen zum Zweck von Forschungsvorhaben und Studien der spanischen Sprache eingeweiht. Bibliothek und Archiv enthalten wertvolle Handschriften, Gesangbücher und Kodexe.

Schon im 11. Jahrhundert brüteten Mönche hinter den Klostermauern über dicken lateinischen Wälzern. Mühsam gestaltete sich die Übertragungsarbeit ins Kastilische. Wie in dem berühmten Werk der »Aemilianensis 60«, so zeugen auch hier die hinzugesetzten Notizen und Anmerkungen von der Unsicherheit im Verständnis einzelner Ausdrücke. Jene kastilischen Randnotizen zum Manuskript »Aemilianensis 60« sind unter dem Namen »Glosas emilianenses« bekannt. Forscher bezeichnen diese schriftlichen Zeugnisse als die ersten bekanntgewordenen Beweise der kastilischen Sprache (Romance castellano). Aus diesem Grund wird San Millán de la Cogolla – ebenso wie die gesamte Rioja – gerne als »Wiege des Spanischen« (Cuna del Castellano) tituliert.

Zurück zu den eigentlichen Besucherattraktionen am und im Kloster. Beachtung verdient das barocke Portal, das ein Relief von San Millán zu Pferde und den heiligen Jakobus als »Maurentöter« zeigt.

Zu den Höhepunkten im Innern des Klosters rechnen der Königliche Saal (Salón de los Reyes) mit Portraits von García I. und Sancho IV. sowie die Kreuzgänge San Augustín und San Millán. In der Sakristei stößt man auf die reichverzierten Grabstätten von San Millán und San Felices. In diesem Museumsbereich sind vor allem die kunstvollen Arbeiten aus Elfenbein zu beachten. Viele der Schätze wurden im Zuge einer französischen Invasion zu Beginn des 19. Jahrhunderts wahllos geplündert.

Seit 1931 ist das Kloster von Yuso Nationalmonument. Es steht für eine bewegte Vergangenheit und für ein ausgeprägtes riojanisches Selbstbewußtsein.

Vielfältige Restaurierungsarbeiten schreiten an dem Komplex voran. Im Innern ist eine kleine Pilgerherberge untergebracht. Der Ort San Millán de la Cogolla zählt nur wenige hundert Einwohner und gibt sich in der Regel ländlich-verschlafen, sofern ihn nicht gerade sommerliche Besucherzüge heimsuchen.

Gonzalo de Berceo – der erste Dichter in kastilischer Sprache

Er ist in die Geschichte eingegangen als Weltgeistlicher und als Verfasser von Marienlegenden. Sein Lebenswerk wird noch heute an spanischen Schulen gepaukt. Gonzalo de Berceo (um 1195 – 1264) ist der erste namentlich bekannte spanische Dichter. Er war gebürtig aus dem riojanischen Örtchen Berceo nahe San Millán de la Cogolla.

Als gesichert gilt, daß Gonzalo de Berceo in jungen Jahren im Benediktinerkloster Yuso von San Millán de la Cogolla tätig wurde, möglicherweise zunächst als Verwalter. Aus Einträgen in Kirchenbüchern geht hervor, daß er um 1220 als Diakon fungierte und im Jahre 1237 Priester war.

In Gonzalo de Berceo ruhte eine große dichterische Schaffenskraft, die sich in mehreren Bereichen niederschlug. Im Mittelpunkt seiner Dichtung standen sowohl regional bedeutsame Heilige als auch die Jungfrau Maria.

Das Werk des Gonzalo ist in 13 000 Versen überliefert. In der spanischen Literaturgeschichte wird er nicht nur als devoter Christ und beharrlicher Dichter angesehen, sondern auch als ein großer Meister der Worte mit dem Blick nach vorn. Formal dominierte zwar der Rhythmus der »cuaderna vía« (Strophe mit vier Versen und Reimschema aaaa, bbbb, etc.), doch inhaltlich bewegte sich die Dichtung niemals in einem monotonen Spektrum: zwischen Freude und Leid, zwischen Mystik und Realismus, zwischen Kargheit und Fülle. Auch der Humor fehlte nicht. Manche Forscher sehen im Œuvre von Gonzalo sogar erste Annäherungen der mittelalterlichen Literatur an die Natur sowie – durch seine Mariendichtung – eine neue soziale Wertschätzung der Frau.

Marksteine bei Gonzalos Arbeit waren die Dichtungen über die drei regional bedeutsamen Heiligen San Millán de la Cogolla, Santo Domingo de Silos und Santa Oria. Eine vierte Hagiographie widmete der Poet dem Martyrium des heiligen Lorenzo. Gonzalo de Berceo lag damit im kastilischen Staatsgebilde gewissermaßen im Trend. Die Kirchenliteratur galt als eine Säule des Königtums. Und das Leben und Wirken von Heiligen – vor allem aus Kastilien – wurde nicht nur von den Kanzeln verkündet, sondern auch auf Märkten, Plätzen und den Patios von Burgen.

In seinen Strophen nahm sich der erste Poet in kastilischer Sprache auch zwei grundsätzlichen Themen in der spätromanischen Kunst an: dem Jüngsten Gericht und der Passion Christi.

Zweifellos war Gonzalo ein begnadeter Dichter. Antonio Machado (1875 – 1939), einer der populärsten spanischen Literaten, lobte in einem seiner Gedichte dessen süßen und gleichsam schweren Verse: Monotone Reihen mit winterlichen Pappeln ohne Glanz, Linien wie Furchen in bräunlicher Saat, und in der Ferne die blauen Hügel von Kastilien.

Gonzalo starb im Jahre 1264 in seinem Heimatort **Berceo**.

Nebenroute II: Von San Millán de la Cogolla vorbei am Cañas-Kloster nach Cirueña

In San Millán de la Cogolla wählt man den Weg zurück nach **Berceo** und ab dort weiter nach **Villar de Torre**. Zwischen Villar de Torre und Cirueña gibt es einen Abzweig zum Kloster Santa María de Cañas nahe dem Río Tuerto.

Im 13. Jahrhundert war es Urruca López de Haro, die für den Bau des Klosters von **Cañas** sorgte. Die Klosterkirche erhebt sich aus dem ländlichen Bezirk. Sie ist wegen ihrer großen Fenster und ihres Retabels mit einem gotischen Bildnis der heiligen Jungfrau bekannt. Sehenswert sind der Kapitelsaal mit der Grabstätte der Urruca López de Haro sowie der Kreuzgang. Im Jahre 1943 wurde die Zisterzienserabtei zum Nationalmonument deklariert, was in späteren Jahren umfangreiche Restaurierungsarbeiten nach sich zog.

Wenige Kilometer hinter Cañas kehrt man in **Cirueña** zurück auf den **Jakobsweg**.

Der Jakobsweg bis Burgos

Hinter Grañón erreicht der Camino de Santiago die Provinz **Burgos**. Damit befindet man sich gleichzeitig in der Großregion Castilla y León.

In **Redecilla del Camino** stand einst ein Pilgerhospital. Heute sollte man sich die zentrale Kirche mit einem romanischen Taufbecken aus dem 12. Jahrhundert ansehen. Nahebei liegt **Castildelgado**, wo im Mittelalter ein Spital und die Kirche Nuestra Señora la Real del Campo gegründet wurden. Im gleichfalls nahegelegenen **Viloria** stand die Wiege des heiligen Dominikus. Im Gotteshaus ist jenes Taufbekken erhalten, über dem der Heilige getauft wurde.

Über **Belorado** (Kirchen Santa María und San Pedro mit verschiedenen Jakobus-Darstellungen) geht es weiter nach **Villafranca Montes de Oca**. Der Name des Dorfes gibt bereits Aufschluß über die fränkischen Gründer der Siedlung. In den mittelalterlichen Pilgerchroniken tauchte Villafranca mit dem Hospital de la Reina auf. Aufmerksamkeit verdienen die Kirche Santiago (Weihwasserbecken mit Jakobsmuscheln) und die Einsiedlerkapelle Virgen de Oca.

Die wichtigste Pilgerstation vor Burgos ist **San Juan de Ortega**. Der Ort ist benannt nach einem Schüler des heiligen Dominikus. San Juans Anliegen war es, Wege und Brücken zu schaffen, um den Pilgerzug nach Compostela erträglicher zu machen. Vom einstigen Kloster in San Juan de Ortega ist heute noch die dreischiffige Kirche aus dem 12. Jahrhundert erhalten. In der Krypta sieht man den Sarkophag, welcher die sterblichen Überreste des Heiligen beinhaltet.

Rund 15 Kilometer trennen die Ortschaft von der Provinzhauptstadt Burgos.

Burgos

Es ist eine Stadt der lauschigen Winkel und trutzigen Monumente. Es ist die Stadt des Cid mit einem der ungemütlichsten Klimate in Spanien. Oft pfeift ein eisiger Wind unerbittlich über Burgos, und im Winter frißt sich die Kälte in die Häuser.

Aus der 180 000-Einwohner-Stadt ragen weithin sichtbar die Türme der Kathedrale – ein Meisterwerk der Gotik. Jenes monumentale Gotteshaus in der Innenstadt ist das Hauptbesuchsziel in dieser stolzen Metropole Kastiliens. Im Jahre 1221, mehr als 300 Jahre nach der Gründung von Burgos, wurde die Anlage des Sakralbaus zu Zeiten von Fernando III. begonnen. Schlank und majestätisch präsentieren sich die gotischen Türme aus der Mitte des 16. Jahrhunderts. In der Außenansicht sollte man auf Spitzen, Skulpturen und Säulen ebenso achten wie auf das beeindruckende Portal Sarmental. Das Portal in der Hauptfassade wurde im 18. Jahrhundert umgestaltet. Im Innern des gewaltigen Gotteshauses sind die von Juan de Vallejo geschaffene Kuppel und die auf Diego de Siloé zurückgehende goldene Treppe sehenswert. Von großer Bedeutung sind auch der Hauptaltar, die Kapelle des Condestable und die berühmte Uhr »Papamoscas« aus dem 16. Jahrhundert. Der Mund dieser Figur öffnet und schließt sich bei jedem Stundenschlag. Unter dem Kuppelgewölbe sieht man das Grabmal des spanischen Ritters und Nationalhelden El Cid Campeador und seiner Gemahlin Jimena. El Cid (1043 – 1099) hieß eigentlich Rodrigo Díaz de Vivar und stammte aus Vivar del Cid bei Burgos.

In Burgos wird jener Kämpfer auf der Seite von Sancho II., Alfonso VI. de León und auch unter dem Banner der Mauren noch immer verehrt. Restaurants und Bars locken mit seinem Namen. In der Innenstadt steht ein riesiges Reiterdenkmal. In der Kirche Santa

Agueda nahe der Kathedrale nahm ihm der Herrscher Alfonso VI. den historischen Eid ab.

Von der Kathedrale aus bietet sich ein kurzer Bummel hinüber zum gewaltigen Stadttor Santa María an. Dieses Triumphportal datiert aus der Mitte des 16. Jahrhunderts und erinnert an den Sieg von Carlos V. über die kastilischen Stadträte und Adligen, die sich im Jahre 1520 gegen den jungen Herrscher erhoben.

Vom Stadttor Santa María aus sollte man durch die herrlichen Grünanlagen des Paseo del Espolón längs dem Río Arlanzón bummeln. Bald ist die Plaza del General Primo de Ribera mit dem Cid-Denkmal erreicht. Richtung Innenstadt gelangt man an die beeindruckende Casa del Cordón, ein Meisterbeispiel spätmittelalterlicher Profanarchitektur an der Plaza de Calvo Sotelo.

Weiterhin sehenswert sind die Kirchen San Lesmes (Plaza de San Juan; Retabel und Grabmäler), San Gil (Calle San Gil; Kapellen und Retabel) und San Nicolás oberhalb der Kathedrale (flämische Gemälde, gotische Grabmäler, Retabel).

In der gesamten Stadt wird man von pittoresken Plätzchen und Monumenten überrascht. Großzügig angelegt ist die Plaza Mayor mit ihren Laubengängen, Laternen und überall den Schwärmen von Tauben. Auf dem Besuchsprogramm in Burgos sollten auch Streifzüge zu den Resten der mittelalterlichen Burg sowie zu den Torbögen San Esteban (Calle de San Esteban), Fernán Gonzales (Calle Fernán Gonzales) und San Martín stehen. An Museen bietet Burgos das Archäologische Provinzmuseum in der Casa de Miranda und das Museo Marceliano Santa María im Kloster San Juan an der gleichnamigen Plaza.

Außerhalb des Stadtkerns sollte man folgende Sehenswürdigkeiten aufsuchen: Cartuja de Miraflores (mittelalterliche Kartause), Real Monasterio de las Huelgas (Klosteranlage aus dem 12./13. Jahrhundert), Monasterio San Pedro de Cardeña (Benediktinerkloster) und Hospital del Rey (Pilgerhospital mit Ursprüngen im 12. Jahrhundert).

Touristische Auskünfte erhält der Reisende in Burgos in den Büros an der Plaza del Alonso Martínez und der Plaza General Primo de Ribera. Unterkünfte konzentrieren sich im Bezirk von Kathedrale und Bahnhof.

Weltberühmter Wein

Reben in der Rioja

Am Wein kommt man in der Rioja nicht vorbei. Allgegenwärtig durchziehen die Anbaukulturen der Reben fruchtbare Hänge und Weiten. Schilder an den Straßen weisen auf Bodegas und Weinverkauf direkt vom Erzeuger. In den Bars gehört der edle Rebensaft gewissermaßen zum Inventar und zum Essen immer auf den Tisch.

Was in deutschen Handelsketten für »drei Mark achtundneunzig aus dem Angebot« verkauft und mit »Rioja« etikettiert ist, läßt den wahren Weinkenner schaudern. Die Genießer von Gaumenfreuden rühmen den charakteristischen Rioja-Stil. Und das heißt: Wein mit dem Geschmack der amerikanischen Eiche aus den traditionellen Fässern. Da Eichenholz Vanillin enthält, zeichnen sich die weltberühmten Spitzenweine, wie die Reservas von Rioja, durch ihr unverwechselbares Vanillearoma aus.

Der Alkoholgehalt des Rioja-Weines liegt zwischen zehn und zwölf Grad. Der Wein wird aus saftigen, großen und recht dickschaligen Trauben gewonnen. Man unterscheidet zwischen Rotwein (»tinto«), Roséwein (»clarete«) und Weißwein (»blanco«).

Die Rotweine sind würzig und besitzen eine kräftige Blume. Vor allem wird hierbei das Miteinander von Eichengeschmack und reifem Fruchtaroma geschätzt. Die Roséweine sind gemeinhin süffig, enthalten relativ wenig Alkohol und werden jung getrunken. Trocken und aromatisch sind die Weißweine.

Hinsichtlich der Anbaugebiete unterscheidet man die drei Zonen Rioja Alavesa (Alavesische Rioja), Rioja Alta (Obere Rioja) und Rioja Baja (Untere Rioja). Aus dem gesamten Areal stammt der größte Teil der besten spanischen Tafelweine, die gleichermaßen Weltgeltung besitzen. Aus der nördlich vom Ebro gelegenen Rioja Alavesa kommen feine, oftmals leichte und helle, jedoch besonders würzige Rotweine. Die Rioja Alta erstreckt sich südlich vom Ebro und westlich von der Hauptstadt Logroño; dort wird das Gros der ausgewogensten und feinsten Rot- und Weißweine erzeugt. Roséweine besitzen eine nicht ganz so gewichtige Bedeutung. Die Rioja Baja ist bekannt für ihre alkoholreichen Rotweine, die man häufig für Verschnitte verwendet.

Der Wein wird einen im Reisealltag ständig begleiten. Kulturelle Annäherung sollte man ruhig stilecht beginnen, indem man eine Dorfbar aufsucht und dort den lokalen Tischwein kostet. Das ist »Spanien pur« im ureigenen Sinn der Worte. Da wird es keine Rolle spielen, ob die Flasche ein Etikett trägt oder ob nicht. Man schmeckt die Sonne durch und läßt sich Rioja mit dem Wein auf der Zunge zergehen. Kontakte sind in der Kneipe rasch hergestellt, sofern man sich auf Spanisch einläßt.

Dem Wein, den Reben und den Trauben sind zahlreiche Sprichwörter und Sitten gewidmet. In der Silvesternacht zum Beispiel sitzt die gesamte spanische Nation daheim oder feiert im Freien. Wenn die zwölf mitternächtlichen Glockenschläge das neue Jahr ankünden, hat jeder traditionsbewußte

Spanier seine »Glückstrauben« (»uvas de la suerte«) in der Hand. Mit jedem Glockenschlag muß man eine Traube essen. Und wer das ohne Versagen oder Verschlucken schafft, startet in ein gutes und glückliches neues Jahr.

Im Alltagsleben gehen die geschmacklichen Freuden des Weins gerne in Sprichwörtern und Reimen auf. Da hört man zum Beispiel »A la mujer y al vino, con tino« (»An Frau und Wein mit Feingefühl«), »Aceite y vino, bálsamo divino« (»Öl und Wein, himmlischer Balsam«) und »El buen vino resucita al peregrino« (»Der gute Wein erweckt den Pilger zum Leben«). Ein handfester Ratschlag ist natürlich immer »Al catarro con el jarro« (»Zum Katarrh mit dem Krug«) – in diesem Sinne sollte man sich bei Erkältungskrankheiten alles zu Herzen und »einen zur Brust nehmen...«

Geschichte des Rioja-Weins

Trauben werden in der Rioja seit Urzeiten angebaut. Aus der römischen Epoche sind Weinanbaukulturen nahe dem heutigen Varea belegt, doch schon die Ureinwohner der Region, die Berones, sollen Rebensaft produziert und an reisende Händler verkauft haben.

Das Mittelalter brachte der Rioja einen Boom im Weinanbau. Bevorzugte Zonen waren längs der Flüsse **Tirón** und **Oja** sowie zwischen der **Sierra de la Demanda** und dem Río **Ebro**. Zu traditionellen Kelterstätten avancierten Klöster wie **San Millán de la Cogolla** und **Valvanera**, Stationen der Pilger auf dem Jakobsweg nach **Santiago de Compostela**. Im Zuge vielfacher Klostergründungen siedelten sich verstärkt Menschen in dem Gebiet an, die neben dem Getreide auch mit dem Anbau von Trauben begannen.

Im späten Mittelalter und in der frühen Neuzeit blühte ein schwunghafter Handel mit Wein. Zu jener Zeit gelangten Weiß- und Roséweine aus der heutigen Rioja bis nach Frankreich, Italien und Flandern und strömten dort in die Kehlen der Käufer. Riojanischer Rebensaft genoß zuweilen königlichen Schutz, indem Importverbote von Wein und Trauben aus anderen Gegenden aufgestellt wurden.

In historischen Dokumenten aus dem 16. Jahrhundert ist von einem reichen Weinanbau im rund 8 000 Seelen zählenden Landstrich um Logroño die Rede. Der Handel mit qualitativ hochwertigem Wein brachte der Region einen gewissen Reichtum und stellte die Wirtschaft, selbst in Krisenzeiten, auf eine gesunde Basis.

Im 17. Jahrhundert setzte sich der Trend einer Ausweitung von Weinanbauflächen in der Rioja fort. Es wurde munter drauflos kultiviert, ohne Gedanken an die späteren Absatzmärkte zu verschwenden. In den Gegenden um **Haro** und **Logroño** dominierte in jenen Jahren der Weißwein, während **Nájera** bekannt für seinen Roten war. Als ein besonders reiches Erntejahr ist 1625 in die Historie eingegangen. Und das führte gleich zu kompromißlosem Konkurrenzdenken und zu Konflikten unter Nachbarn, denn angesichts der Überproduktion wurde in Logroño die Einfuhr von Wein aus **Calahorra** verboten. Aus der benachbarten Region **Navarra** sind im Zusammenhang mit überreichen Erntejahren ungewöhnliche Anekdoten überliefert. Mitunter soll es soviel Wein gegeben haben, daß man beim Bau von Kirchen das Material nicht mit

Wasser, sondern mit feinem Rebensaft anrührte...

Dennoch existierte bereits im 17. Jahrhundert so etwas wie eine »Weinpolitik« in der Rioja. Es gab die »Städtischen Verordnungen von Logroño« (Ordenancas Municipales de Logroño), in denen unter anderem die Reinheit des Rebensaftes gesetzlich vorgeschrieben war. Außerdem wurde untersagt, die Weinlese vor dem offiziellen Beginn in der Region zu starten. Diese Verordnungen wurden im Jahre 1676 vom Monarchen Carlos II. persönlich bestätigt.

Im Laufe des 18. Jahrhunderts blieb die riojanische Wirtschaft – und damit die Weinproduktion – nicht von den Auswirkungen des internationalen und nationalen Niederganges der Weltmacht Spanien verschont. In der Rioja galt es, die Produktion zu rationalisieren und neue Handelsstrategien zu erarbeiten. Getreu dem Motto »Gemeinsam sind wir stark« schlossen sich die Weinbauern in der zweiten Hälfte des 18. Jahrhunderts weitgehend zusammen. An Institutionen und Gesellschaften wurden 1772 der Rat der Weinpflanzer (»Muy Ilustre y Antigua Junta de Cosecheros de Vino de la Ciudad de Logroño«) und 1790 die Wirtschaftsgesellschaft der Weinpflanzer (»La Real Sociedad Económica de Cosecheros de la Rioja Castellana«) in verschiedenen Gegenden gegründet. Dadurch wurden die Wege aus der Krise geebnet.

Das 19. Jahrhundert stand zunächst im Zeichen des Bemühens um eine weitere qualitative Verbesserung des Weins, um auch so in Konkurrenz mit den hochwertigen Bordeaux-Weinen treten zu können. Im Jahre 1867 trat eine erste Reblausplage in Frankreich auf, die in der Folge immer weiter um sich griff. Die Auswirkungen waren für die Weinanbauregion Rioja zunächst positiv, denn der Absatz begann angesichts der ausgeschalteten Konkurrenz zu florieren. Insbesondere um Haro siedelten sich in jenen Jahren zahlreiche Familien an, die mit der Kultivierung von Reben begannen. Neue Ernteerfolge wurden erzielt und neue Bodegas eröffnet. Doch die Euphorie in der Rioja hielt nur bis Mitte der neunziger Jahre an, denn die Rebläuse hatten sich bis in diese Region hinein ausgebreitet.

Seinerzeit stand die Weinproduktion in der Rioja auf dem Höhepunkt. Annähernd 53 000 Hektar des Landes waren mit Weinfeldern bedeckt, doch nur knapp 10 000 Hektar blieben von der Plage verschont. Das 19. Jahrhundert hatte zudem einige Neuerungen gebracht. So hatte man sich in der Rioja bemüht, Techniken aus dem französischen Weinanbau zu übernehmen. Außerdem war in Haro eine Forschungsstation entstanden, in der man sich mit der Weinbaukunde beschäftigte (Estación Enológica de Haro).

Das erste Jahrzehnt des 20. Jahrhunderts blieb überschattet von der Reblausplage in La Rioja. Nur langsam begann sich die Situation wieder zu normalisieren. Der brisanten Lage im Weinanbau zum Trotz wurden im Jahre 1902 die gesetzlichen Weichen für eine erste amtliche Organisation (Consejo Regulador) gestellt, die sich um die Erhaltung, Kontrolle und Förderung des amtlich abgegrenzten Weinbaubereiches (Denominación de Origen) der Rioja kümmern sollte. Erst von 1926 an erlangte diese Institution Bedeutung.

Dem Aufschwung im Weinanbau in den zwanziger und frühen dreißiger Jahren mit einer gesamten Anbaufläche von rund 35 000 Hektar folgte während der Zeit des verhängnisvollen Spanischen Bürgerkriegs (1936 – 39) ein neuerlicher Rückschritt. Bis zum Jahr 1950 wurde die Weinproduktion in der Rioja abermals auf ein gesundes Fundament gestellt; Wein wurde bis in die Vereinigten Staaten und bis nach Brasilien exportiert. Diese Tendenz hat sich über die sechziger und siebziger Jahre bis in die heutige Zeit erhalten. Rekordmarken wurden in der Siebziger-Dekade aufgestellt, denn mehr als 80 Länder der Erde importierten Wein aus der Rioja. Zu den Hauptabnehmern rechneten in jenen Jahren die Schweiz, die Vereinigten Staaten, Kanada und England.

Rioja-Wein heute

Wein wird in der Rioja heute auf einer gesamten Fläche von rund 50 000 Hektar kultiviert. Die Anbauzonen reichen in der Regel bis auf eine Höhe von etwa 600 Metern. In der offiziellen Statistik tauchen 2 500 Weinbauern auf, doch die meisten produzieren ausschließlich für den eigenen Bedarf. Auf professioneller Basis hat sich das Gros in Kooperativen zusammengeschlossen.

In La Rioja verläuft sich die durchschnittliche Jahresproduktion heute auf 150 Millionen Liter Wein. Exportiert wird der Rebensaft in alle Welt. Seit dem EG-Beitritt von Spanien und Portugal im Jahre 1986 hat der Weinanbau auf der Iberischen Halbinsel generell einen rapiden Aufschwung in Bezug auf Qualität und Vielfalt genommen. Von der Rioja läßt sich sagen, daß man auf der traditionellen Schiene erfolgreich weitergefahren ist. Natürlich wachen auch in jener Region Spaniens die EG-Inspektoren über die Rechtmäßigkeit des Weinbaus, worüber nicht jeder Anbauer glücklich ist.

Jahrgangsverschnitte sind in der Rioja heute nur noch bedingt erlaubt. Ein Wein muß heute zu mindestens 85 Prozent aus dem angegebenen Jahrgang stammen. Die bislang besten Jahrgänge im 20. Jahrhundert datieren aus folgenden Jahren: 1920, 1925, 1928, 1931, 1935, 1942, 1947, 1948, 1949, 1952, 1955, 1958, 1959, 1962, 1964, 1968, 1970, 1975, 1978, 1981, 1982, 1987 und 1991 sowie 1994 und 1995. Schlechte Jahrgänge waren beispielsweise 1965, 1971 und 1972.

Die Weinlese beginnt traditionsgemäß in der zweiten Septemberhälfte in der Rioja Baja und dehnt sich im Oktober auf die gesamte Region aus. Weinproben werden nach wie vor in der Forschungsstation in **Haro** analysiert. Die Station (Estación Enológica) sollte bei Interessenten auf jeden Fall auf dem Besuchsplan stehen; im Jahre 1992 wurde dort das 100jährige Bestehen gefeiert. Die Mitte bis Ende der achtziger Jahre umfassend erneuerten Laboratorien sind auf dem neuesten Stand der Technik angelegt. In den dortigen Vortragssälen finden häufig Konferenzen statt.

Wer einen schnellen Blick auf Weinqualität und Ausstattung der einzelnen Bodegas in der Rioja werfen will, sollte das Standardwerk »Der kleine Johnson für Weinkenner« zur Hand nehmen. Lobende Ausführungen gibt es zu folgenden Bodegas: AGE in Fuenmayor (reichhaltige Auswahl; empfohlene Rotweine Marqués de Romeral und Siglo Gran Reserva), Berberana in Cenicero (empfohlen werden fruchtige, vollaromatische Rotweine), Berceo in

Haro (für gut befunden wird der Gonzalo de Berceo Gran Reserva), Beronia in Ollauri (ausgezeichnete Rotweine im traditionellen Stil mit Eichenholzaroma sowie frische »moderne« Weißweine), Bilbainas in Haro (Erzeuger verschiedener zuverlässiger Weine), Campo Viejo in Logroño (empfohlen werden der süffige, junge San Asensio und einige große, fruchtige Reservas), Compañía Vinicola del Norte de España in Haro (Rioja-Spitzenbodega), Corral in Navarrete (bekannter roter Don Jacobo), Franco Españolas in Cabo Noval (zuverlässige Weine), Lagunilla in Fuenmayor (gefällige, leichte Rotweine mit Eichenholzaroma), Lan in Fuenmayor (bekannt für aromatischen roten Rioja), Lopez de Heredia in Haro (superbe Bodega mit ausnehmend langlebigen, höchst traditionellen Weinen), Marqués de Murrieta in Ygay-Logroño (hochangesehene Bodega mit feinsten Riojas), Marqués del Puerto in Fuenmayor (empfohlen wird der vielgelobte Rotwein Reserva Señorío de Agos), Montecillo in Fuenmayor (bekannt ist die Gran Reserva Especial), Muga in Haro (erzeugt mit die besten roten Riojas), Navajas in Navarrete (Hersteller guter Rot- und Weißweine und ausgezeichneter Cerro Año Reservas), Paternina in Haro (empfohlen wird der Viña Vial als der beständigste Rotwein), Real Divisa in Abalos (bekannt sind die Marqués de Legarda Reservas), Rioja Alta in Haro (vorzügliche Weine), Rioja Santiago in Haro (bekannte Marken und achtbare Rotweine) sowie Riojanas in Cenicero (guter traditioneller Rioja).

Daneben gibt es natürlich weitere gute Bodegas. Jeder sollte sich sein Urteil nach dem eigenen Geschmack bilden. In den kleinsten, verlorenen Bodegas produziert man noch exzellente Weine. Nach Möglichkeit sollte man solche »Geheimtips« nicht öffentlich verraten, sondern als kleines Geheimnis aus der Rioja für sich bewahren...

Im allgemeinen praktischen Teil habe ich eine umfangreiche Liste zu den riojanischen Bodegas zusammengestellt. Besucher sind in der Regel willkommen, doch sollte man sich nach Möglichkeit um Vorabsprachen bemühen.

Routen in La Rioja

Route des Weins

Verlauf: **Logroño** – **Fuenmayor** – **Cenicero** – **Torremontalbo** – **Briones** – **Haro** – **Briñas** – **San Vicente de la Sonsierra** – Abalos – Abstechermöglichkeit nach **Laguardia** (baskische Provinz Alava) – Rückkehr nach Haro oder Logroño

Länge: ca. 120 km bei der Endvariante über Laguardia nach Logroño

Höhepunkte: Weinanbauzonen und Bodegas; Plaza Mayor und Paläste in Briones; Altstadtviertel Herradura, Wein-Museum, Kirche Santo Tomás und Palastbauten in Haro; Ortsbilder von San Vicente de la Sonsierra und Abalos

Weitläufige Weinfelder prägen das Bild in der Ebene des Ebro zwischen Logroño und Haro. Hier pocht das Herz der riojanischen Wirtschaft und des Handels. Dort, wo in längst vergangenen Zeiten der Wein der Rioja von umtriebigen Geschäftemachern gegen Häute und Felle aus Burgos und Soria getauscht wurde.

Wir lassen die Provinzhauptstadt Logroño hinter uns und steuern gen Westen als erstes Ziel Fuenmayor an. Die Geschichte des riojanischen Weins ist eng mit der Fuenmayors verknüpft. Im Jahre 1790 gründete sich dort die Wirtschaftsgesellschaft der Weinpflanzer (»La Real Sociedad Económica de Cosecheros de la Rioja Castellana«). Ziele der Vereinigung waren es, den größtmöglichen Qualitätsstandard des edlen Rebensaftes zu erreichen und neue Exportwege für die Produkte zu erschließen. In und um Fuenmayor existieren nach wie vor mehrere namhafte Bodegas; vgl. hinsichtlich der gesamten Tour immer unter dem Stichwort »Bodegas« im allgemeinen Praktischen Teil.

Im Ortsbild von Fuenmayor dominieren würdevolle Häuser aus Quadersteinen und mit breiten Dächern – typisch für die Dörfer und Städtchen dieser Gegend. Den Mittelpunkt bilden eine kleine, grüne Plaza und die Santa-María-Pfarrkirche aus dem 16. Jahrhundert.

Rebstöcke sind die ständigen Begleiter auf der Weiterfahrt nach Cenicero. Viele der Bewohner leben auch hier vom Wein; Qualität und Menge der Erzeugnisse gelten als äußerst hoch. Ein Denkmal ist den Winzern gewidmet. Cenicero präsentiert sich als einer jener Orte, in denen die ziegelgedeckten Häuser rund um die Kirche wie ineinander verschachtelt wirken.

Von Cenicero aus geht es weiter nach Torremontalbo, wo der Najerilla in den Ebro mündet. Ganz in der Nähe stehen noch ein restaurierter mittelalterlicher Verteidigungsturm (Torre Fuerte) und die Davalillo-Burg (Castillo de Davalillo). Wenige Kilometer südlich der Hauptverkehrsachse erreicht man San Asensio mit seinem kleinen Hieronymitenkloster **Santa María de la Estrella** aus dem 15. Jahrhundert (vgl. dazu unter »Route der Klöster«). San Asensio rühmt sich im übrigen, die »Wiege des riojanischen Roséweins« (Cuna del Clarete) zu sein.

Wer an den Ebro und auf unsere Route zurückkehrt, befindet sich wieder im »Rotweingebiet«. Briones be-

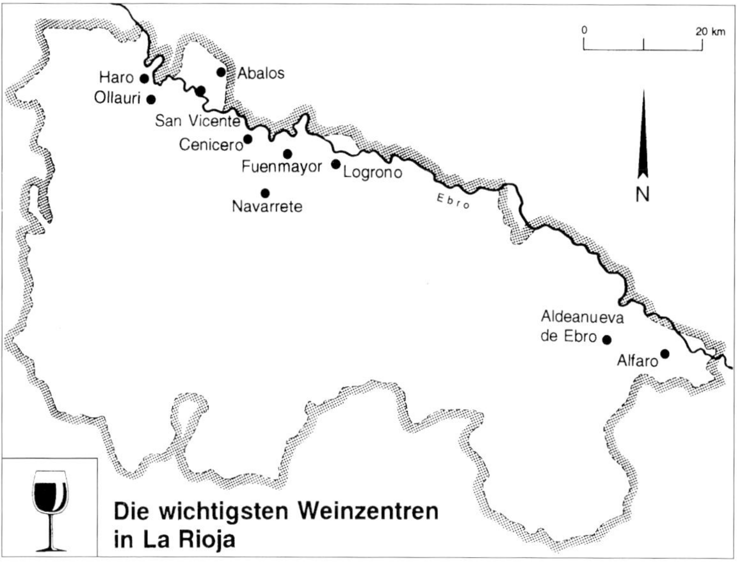

Die wichtigsten Weinzentren in La Rioja

sticht durch seine mittelalterlichen Stadtmauern und vor allem durch seine Plaza Mayor mit altehrwürdigen Häusern aus dem 18. Jahrhundert. Unter den Palästen sind in erster Linie der Palacio del Marqués de San Nicolás (Rathaus) und der Palacio de Quincoces zu nennen.

Die zum wichtigen kunstgeschichtlichen Monument deklarierte Kirche von Briones (16. Jahrhundert) bewahrt eindrucksvolle Retabel, Skulpturen und Grabstätten aus mehreren Epochen. Der Kirchturm wurde im 18. Jahrhundert von Martín de Beratúa geschaffen. Ein Streifzug sollte von der Plaza aus auf jeden Fall zu den alten Stadtmauern und zur Burg führen.

»Hauptstadt des Weins« – so wird das bald erreichte Haro gerne genannt. Das Städtchen zeichnet sich durch eine große Akkumulation an Bodegas aus. Schilder mit Aufschriften wie »Venta de vinos finos de Rioja« weisen auf den Verkauf der feinen Weine hin.

Haro ist Sitz der wissenschaftlichen Station für Weinbaukunde (Estación Enológica de Haro). Die im Jahre 1892 ins Leben gerufene Forschungsstätte liegt an der Avenida Bretón de los Herreros und lockt Besucher mit einem kleinen Wein-Museum an.

Die grassierende Reblausplage in der zweiten Hälfte des 19. Jahrhunderts und die Suche nach neuen Techniken der Weinbereitung hatten seinerzeit zur Gründung dieser in der Rioja einmaligen Institution geführt. Spanienweit gilt die Estación Enológica in Haro als eine der modernsten. Alleine 500 Millionen Pesetas wurden während der achtziger Jahre in den Auf- und Ausbau der Gebäude und modernen Laboratorien gesteckt. Die wissenschaftlichen Aufgaben der Weinbau-Station liegen darin, weinbaukundliche Probleme der Winzer zu lösen, neue Wege bei Anbau und Weinverarbeitung zu erschließen und Analysen durchzuführen. Dazu bedarf es eines großen Mitarbeiterstabs, der sich auch um Aus- und Fortbildungsmaßnahmen für Landwirte und weitere Weinspezialisten kümmert.

Ein Besuch in Haro beschränkt sich nicht auf den Wein. Man sollte ein Auge für die malerische Szenerie der nahen Bergrücken haben, die zu den **Montes Obarenes** gehören. Das Städtchen selbst ist gleichsam in mehreren Stufen gebaut. Überall stößt man bei einem Bummel auf schöne, wappengeschmückte Palastbauten. Hervorstechend sind der Palacio de los Condes de Haro, der Palacio Paternina und das Ende des 18. Jahrhunderts errichtete Rathaus.

Aus dem alten Stadtviertel Herradura ragt der barocke Turm der Kirche Santo Tomás auf. An und in dem Sakralbau vermischen sich mehrere Stilformen von der späten Gotik bis zur Renaissance. Rund um die Kirche gibt es entzückende Gassen, in denen Bars zum traditionellen Chiquiteo (vgl. im allgemeinen praktischen Teil) einladen. In der Calle Cuevas befanden sich einst die Weinhandelsläden von Haro.

Auf dem Besuchsplan des Städtchens zwischen Río Ebro und Río Tirón sollte auch die Basílica de la Vega stehen. Sie ist der Schutzpatronin der Stadt, der Virgen de la Vega, gewidmet.

Haro ist bekannt als Ausgangspunkt für eine alljährliche Wallfahrt am 29. Juni zur Einsiedlerkapelle San Felices im Berggebiet Bilibio. Dort findet am selben Tag dann die berühmt-berüchtigte »Schlacht des Weins« (Batalla del Vino) statt.

Ab Haro kann man die Route des Weins mit einem Abstecher über den Río Ebro bis Briñas und Abalos fortsetzen. Auch die Gebiete um Briñas und San Vicente de la Sonsierra sind vom Weinanbau geprägt.

San Vicente de la Sonsierra bietet die im 12. Jahrhundert entstandene Kirche Santa María de la Piscina, die Einsiedelei San Juan mit interessantem Renaissance-Retabel, den Cascaja-Dolmen, Reste einer mittelalterlichen Burg und das Rathaus. Die ebenfalls auf das Mittelalter zurückgehende Basilika Nuestra Señora de los Remedios wurde im 18. Jahrhundert neugebaut.

In Abalos fließt der Wein aus den Steinen. So lautet ein Sprichwort, das auf den traditionellen Haupterwerbszweig und das Gesicht der Landschaft deutet. Im Ortsbild treten die Quadersteinbauten aus dem 17. und 18. Jahrhundert hervor. Viele tragen Familienwappen. Ein Juwel unter den robusten Herrenhäusern ist der Palacio de los Marqueses de Legarda. Die San-Esteban-Kirche an der Plaza de la Iglesia stammt aus dem 16. Jahrhundert; im Innern überrascht ein dem heiligen Esteban gewidmetes Renaissance-Retabel. Ganz in der Nähe liegt die romanische Einsiedelei San Felices.

Ab Abalos hat man Gelegenheit, einen Abstecher in die baskische Provinz Alava nach Laguardia einzuschieben. Die Gegend ist wegen der Dolmen El Sotillo und San Martín bekannt. Zeugnis von der frühen römischen Besiedlung legt das archäologische Ausgrabungsfeld La Hoya ab.

Wählt man die Variante nach Laguardia, kann man von dort aus direkt zurückkehren nach Logroño. Ansonsten bietet es sich an, über Briones oder Briñas wieder Haro anzusteuern und dort Station zu machen (Unterkünfte).

Route des Oja-Flusses

Verlauf: **Haro** - **Anguciana** – Abstecher **Cihuri, Cuzcurrita, Sajazarra, Foncea** und **Cellórigo** – **Casalarreina** – **Castañares de Rioja** – **Santo Domingo de la Calzada** – **Santurde** – **Ojacastro** – **Ezcaray** – Abstecher nach **Zorraquín** und **Valgañón**

Länge: ca. 90 km (Hinweg, inklusive Abstecher); Rückkehr ab Ezcaray auf derselben Strecke

Höhepunkte: Burgen von Cuzcurrita und Sajazarra; Felsmassiv von Cellórigo an den **Montes Obarenes**; Kloster und Palastbauten in Casalarreina; Santo Domingo de la Calzada mit Kathedrale, Konventen und Plaza de España; Tal des oberen **Oja**-Flusses; Barockpalast und Pfarrkirche in Ezcaray; Sakralbauten in Zorraquín und bei Valgañón

Die Weinstadt Haro bildet den Ausgangspunkt für diese Tour, die dem Río Oja mit kleinen Seitenabstechern aufwärts folgt bis in die Sierra de la Demanda nach Ezcaray.

Ab Haro steuern wir das wenige Kilometer westlich entfernte Örtchen Anguciana an, in dem der Wehrturm eines Herrensitzes (14. Jahrhundert) und die San-Martín-Kirche (16. Jahrhundert) hervorstechen. Von dort aus geht die Tour über Cihuri (romanische Brücke, Barockpalast mit dem San-Millán-Wappen) nach Cuzcurrita.

Über den Dächern von Cuzcurrita erhebt sich ein mächtiger, klobiger Turm. Fast nur aus diesem bestand vom 14. Jahrhundert an die Wehrburg des Ortes. In unmittelbarer Nachbarschaft liegt die barocke Pfarrkirche San Miguel.

Auf eine weitere Festung stößt man im nahegelegenen Sajazarra am Río Ea. Die von einem breiten Mauergürtel umschlossene Burg von Sajazarra gilt als die am besten erhaltene in der Rioja. Aus dem Schutzwall ragt der Hauptbau mit seinen Wachtürmen aus dem 15. Jahrhundert heraus. In der örtlichen Pfarrkirche Asunción sieht man das der Virgen de la Antigua gewidmete Retabel. Sowohl in Cuzcurrita als auch in Sajazarra befinden sich Bodegas.

Sajazarra gehört bereits zum Gebiet der nahen Montes Obarenes, einer kleinen Gebirgskette aus Kalkstein im äußersten Nordwesten der Rioja. An deren Ausläufern liegen auch Ortschaften wie Foncea (Wehrturm aus dem 13. Jahrhundert) und Cellórigo (Einsiedelei Santa María de Barrio aus dem 12. Jahrhundert). Cellórigo ist bekannt wegen seines imposanten Felsmassivs oberhalb des Dorfes. In all die Zacken, Spitzen und Felsfinger kann man Tiere und Bauten hineininterpretieren. Manche sprechen von den Türmen einer gotischen Kathedrale, andere von der »Kanzel der Rioja« (Púlpito de la Rioja). Das Massiv firmiert auch unter dem Namen »Agujas de Peña Lengua«.

Auf halbem Weg zwischen Haro und Santo Domingo de la Calzada erreicht man Casalarreina. Am Paseo de la Florida lockt den Besucher der Convento de la Piedad an. Im Jahre 1508 wurde es vom Bischof Calahorras, Juan Fernández de Velasco, ins Leben gerufen. Man betritt das Kloster durch einen spätgotischen Bogen; sehenswert ist das Tympanon über dem Portal der Kirche. Im Innern sieht man den von Juan

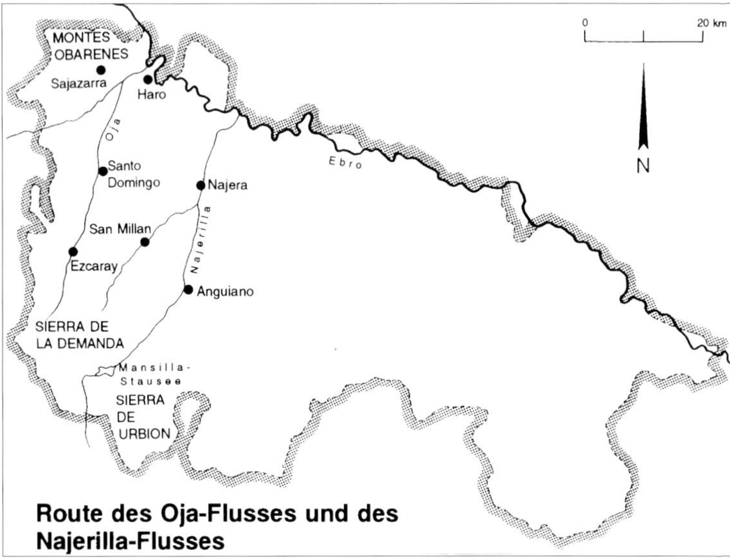

Route des Oja-Flusses und des Najerilla-Flusses

de Binies und Pedro Martínez gestalteten Hauptaltaraufsatz.

Casalarreina heißt übersetzt »Haus der Königin«. Der Name gründet sich auf einen einstigen Aufenthalt von Johanna der Wahnsinnigen, Tochter der Katholischen Könige. Den Reiz des Ortes machen auch Paläste und Herrenhäuser aus dem 17. und 18. Jahrhundert aus, so der Palacio Pobes und der Palacio de los Condestables de Castilla. Mehrere Adelshäuser dieser Art findet man ebenfalls in dem wenige Kilometer westlich von Casalarreina gelegenen Ort Tirgo.

Castañares de Rioja heißt die nächste Station; der dortige Campingplatz am Fluß gilt als der schönste in der gesamten Provinz.

Santo Domingo de la Calzada ist voll von sehenswerten Bauwerken (vgl. dazu das gesonderte Kapitel »Santo Domingo de la Calzada – Kathedrale, Kirchen und Legenden« bei der Schilderung des Jakobsweges). Die wichtigsten Besuchsziele in Santo Domingo heißen: Kathedrale mit dem Alabastermausoleum des heiligen Domingo, barocker Kathedralturm mit nahem Parador de Turismo, Plaza de España mit Arkaden und Rathaus, Reste der Stadtmauer, Konvent Bernardas Reales und Konvent San Francisco. Des weiteren bieten sich ein Bummel auf der Espolón-Promenade und durch die Calle Mayor (dort befindet sich eine Pilgerherberge) an.

Wir folgen dem Río Oja in den Süden nach Santurde. Über dem Dorf liegen die Einsiedlerkapelle Virgen de la Cuesta und ein alter Verteidigungsturm.

Richtung Ojacastro verändert das Tal des Oja allmählich sein Gesicht. Die Anbauflächen mit Kartoffeln, Rüben und Getreide nehmen ab, je weiter es in die Höhenzone der Sierra de la Demanda hineingeht. In Ojacastro fällt die San-Julián-Kirche (16. Jahrhundert) auf.

Einen besonderen Reiz übt Ezcaray auf die Besucher aus. Schmiedeeiserne Balkongitter, mächtige Holzstützen mit Arkaden, wappenverzierte Häuser und verschnörkelte Laternen an den Wänden prägen das pittoreske Bild in den Straßen. Am auffälligsten ist der Barockpalast Conde de Torremuzquiz.

Die Pfarrkirche von Ezcaray datiert aus dem 16. Jahrhundert und besitzt eine mit Wappenschildern geschmückte Fassade, welche aus den Überresten alter herrschaftlicher Häuser stammen. Von außen trägt das Gotteshaus an manchen Stellen den Charakter einer Wehrkirche. Zu beachten sind im Innern die gotischen und barocken Retabel sowie die Sakristei. In die idyllische Atmosphäre paßt das Plätschern eines Brunnens auf dem Kirchhof.

Außerdem sehenswert ist die Kapelle Nuestra Señora de Allende auf der anderen Seite des Flusses; mehrere Gemälde aus dem 17. und 18. Jahrhundert sind dort dem Erzengel Michael gewidmet.

Ezcaray ist Ausgangspunkt für den winterlichen Aufbruch zur Skistation **Valdezcaray** in der Sierra de la Demanda (vgl. dazu unter dem Stichwort »Wintersport« im allgemeinen praktischen Teil).

Ausflugsziele in der Umgebung von Ezcaray sind die wenige Kilometer westlich gelegenen Örtchen Zorraquín (romanische Kirche San Esteban mit Retabel aus dem 15. Jahrhundert) und Valgañón mit der nahen Kirche Nuestra Señora de Tres Fuentes. Dort gibt es kostbare Gitter und Zeichnungen mit verschiedenen Motiven zu sehen; alljährlich ist das Gotteshaus Ziel mehrerer Wallfahrten.

Wer ab Ezcaray dem Río Oja weiter aufwärts Richtung Posadas folgt, wird fasziniert sein von der grünen Szenerie im Gebirge. In Ezcaray beginnt auch der bekannte Fernwanderweg GR-93 (Gran Recorrido 93). Mehrere Etappen führen von dort in östlicher Richtung durch den gesamten Süden der Rioja bis nach Cornago. Die Wegstrecke beträgt etwa 140 Kilometer; vgl. dazu das gesonderte Kapitel.

Ab Ezcaray kehrt man auf demselben Weg zurück nach Haro.

Route des Najerilla-Flusses

Verlauf: **Nájera** – **Baños de Río Tobía** – **Bobadilla** – **Anguiano** – **Valvanera-Kloster** – Abstechermöglichkeiten nach **Brieva de Cameros**, **Ventrosa**, **Viniegra de Abajo** und **Viniegra de Arriba** – **Mansillla** – **Mansilla-Stausee** – **Villavelayo** – **Canales de la Sierra** – Rückkehr nach Nájera

Länge: ca. 170 km inklusive Abstecher

Höhepunkte: Valvanera-Kloster; pittoreske Dörfer wie Viniegra de Arriba; Gebirgswelt; Mansilla-Stausee; romanische San-Cristóbal-Kirche in Canales de la Sierra

Wir wenden uns von dem Jakobsweg-Städtchen Nájera in Richtung der südlichen Sierras Demanda, San Lorenzo und Urbión. Auf der C-113 geht es parallel zum Río Najerilla über Baños de Río Tobía (San-Pelayo-Kirche aus dem 16. Jahrhundert; Palacio de Salazar; Wurstfabriken) und Bobadilla nach Anguiano.

Anguiano liegt malerisch zwischen Taleinschnitt und den Gebirgsausläufern. Hier wird die Tradition des Zancos-

Tanzes (Danza de los Zancos) gepflegt, vor allem bei öffentlichen Auftritten am 21./22. Juli und am letzten September-Wochenende. Getanzt wird zu Ehren der Schutzpatronin Santa Magdalena, deren Bildnis in einer Einsiedlerkapelle nahe Anguiano aufbewahrt wird. An Sakralbauten finden sich des weiteren die im 16. Jahrhundert erbauten Kirchen San Andrés und San Pedro. Ab Anguiano kann man zu kleineren Gebirgstouren aufbrechen und ausgedehnte Buchenwälder durchstreifen.

Einige Kilometer weiter windet sich eine Nebenstraße in die Bergwelt hinauf zum berühmten Valvanera-Kloster (Monasterio de Valvanera). Es ist eines der imposantesten Bauwerke, das die Rioja zu bieten hat.

Urkundlich erwähnt wurde das Valvanera-Kloster erstmals im 11. Jahrhundert. Die im 15. Jahrhundert errichtete gotische Kirche des Benediktinerklosters bewahrt ein romanisches Bildnis der Virgen de Valvanera. Doch wie diese Statue, so dominiert in dem gesamten Komplex die neuere Kunst der Restauratoren. Napoleonische Truppen waren es beispielsweise, die das Kloster zu Beginn des 19. Jahrhunderts geplündert und zum Teil zerstört hatten, bevor um 1880 ein intensiver Wiederaufbau startete.

Für die gläubigen Bewohner der Rioja ist das Valvanera-Kloster eine Stätte der Verehrung, denn die Virgen de Valvanera ist die Schutzpatronin ihrer Region. Die Klosterbibliothek beherbergt wertvolle Manuskripte und Editionen sowie eine alte Handschrift aus dem 10. Jahrhundert.

Nach der Rückkehr auf die Hauptstraße 113 folgt man dieser bis nach Mansilla am gleichnamigen Stausee. Immer wieder leiten Stichsträßchen zu kleinen Orten, die so typisch sind für das Landleben in der Rioja: beschaulich, schlicht, pittoresk. Dazu zählen Breiva de Cameros, Ventrosa, Viniegra de Abajo und Viniegra de Arriba. Überall plätschern Brünnchen, holpert man über das unebene Steinpflaster, sieht man hölzerne Fässer vor den Türen und einfache Laternen in den Gassen.

Vor allem Viniegra de Arriba verströmt ein besonderes Flair mit all seinem mächtigen Mauerwerk aus Bruchstein. Manch einer stuft Viniegra de Arriba sogar als den schönsten Ort in der Rioja ein.

Mansilla ist nicht jenes Mansilla, das es einst war. Der ursprüngliche Ort nämlich liegt auf dem Grund des Mansilla-Stausees, der in den dreißiger Jahren des 20. Jahrhunderts begonnen und 1961 beendet wurde. Die Kapazität des Sees reicht aus, annähernd 20 000 Hektar zu bewässern.

Hinter der äußersten Westspitze des Mansilla-Gewässers taucht Villavelayo auf. Dort treffen sich die Flüßchen Neila und Canales und formen den Río Najerilla. Es lohnt sich, auf der C-113 weiterzufahren bis zum letzten Dorf unserer Etappe, Canales de la Sierra.

Canales ist in diesem Gebiet in zweierlei Hinsicht historisch bedeutsam. Zum einen geht es bereits auf römische Zeiten zurück (archäologische Ausgrabungsreste), und zum anderen waltete dort im Mittelalter der kastilische Conde Fernán González.

Unter kunsthistorischen Aspekten stößt man in Canales auf eine der schönsten romanischen Kirchen in der Rioja: San Cristóbal mit sorgsam gestalteten Säulenreihen neben dem Portal.

Wir kehren auf demselben Weg über die C-113 nach Nájera zurück.

Fernwanderweg von Ezcaray nach Cornago

Er durchläuft Wälder und Wiesen, Täler und Berge, pittoreske Dörfer und mächtiges Gestein. Der Fernwanderweg 93 (Gran Recorrido-93) folgt den traditionellen Verbindungspfaden zwischen den Dörfern der südlichen Sierras in der Rioja.

Auf Schusters Rappen entdecken immer mehr Besucher die herrliche Natur und die kulturellen Stätten in der Region. Empfohlener Startpunkt der 141 Kilometer langen Strecke des Fernwanderweges ist Ezcaray, aber natürlich kann man auch an strategisch günstigen Stellen einsteigen.

Riojanische Wanderfreunde bemühen sich um die Instandhaltung des Weges. Man folgt den rot-weißen Farbmarkierungen. Unterkünfte findet man unter anderem in Ezcaray, San Millán de la Cogolla (Pilgerherberge), Berceo (Landhäuser), Anguiano und Villanueva de Cameros; vgl. dazu unter den Stichworten »Camping«, »Hotels und Pensionen«, »Landhäuser und Landhausprogramm« sowie »Pilgerherbergen« im allgemeinen praktischen Teil; außer den dort aufgeführten bestehen zusätzliche Übernachtungsmöglichkeiten längs und nahe der Strecke (von West nach Ost) in: Ojacastro (Casa Rural Ana Loyo), Azarulla (Hostería Valle del Oja), Pazuengos (Casa Albergue de Pazuengos), Nieva de Cameros (Colonia Municipal), El Rasillo (Casa Rural Cospedal), Ortigosa de Cameros (Albergue de etapa), Laguna de Cameros (Albergue de etapa), San Román de Cameros (Albergue de etapa), Soto en Cameros (Albergue de San José, Casa Rural Antonia Anés), Enciso (Posada de Santa Rita, Casa Rural Ricardo Ochoa), Ambas Aguas (Refugio Molino Viejo), Valvanera (Hospedería), Viniegra de Abajo (Venta de Goyo) und Villoslada de Cameros (Hostal Corona, Fonda Las Trece Villas).

Zur Not empfiehlt es sich immer, ein Zelt mitzuführen. Selbst wenn eine einfache Unterkunft am Wege ist, kann es natürlich sein, daß sie bereits belegt ist. Und wer in einer Albergue de etapa übernächtigen will, muß sich zuerst ans Rathaus (Ayuntamiento) wenden.

Und noch ein Hinweis: Sollte man auf rot-weiße Markierungen stoßen, die sich kreuzen, so ist dieser Weg falsch. Farbstriche mit Bogen nach rechts bedeuten: rechts halten. Das gleiche Prinzip gilt für links.

Am besten ist es, sich das vom Centro Europeo de Información y Promoción del Medio Rural herausgegebene, aber leider nur in spanischer Sprache erschienene Buch »Senderos de Gran Recorrido. Sierras de la Rioja« zu besorgen. Es enthält detailliertes Kartenmaterial und die Telefonnummern der Unterkünfte und Rathäuser.

Erste Etappe. Ezcaray – San Millán de la Cogolla. 16,5 km.
Verlauf: Ezcaray – Turuza – Collado de Larrizabala – Río Espardaña – Pazuengos – Collado de Rebollar – Muga Pazuengos – Lugar del Río – San Millán de la Cogolla.

Zweite Etappe. San Millán de la Cogolla – Anguiano. 22 km.
Verlauf: San Millán de la Cogolla – Corrales de Ocijo – Tobía – Matute – Ruinas del Convento de la Granja – Anguiano.

Dritte Etappe. Anguiano – Ortigosa de Cameros. 18 km.
Verlauf: Anguiano – Fuente del Congosto – Arroyo del Regatillo – Collado de la Mohosa – Arroyo de Caste-

jón – Nieva de Cameros – Depósito de Agua – Urbanización de El Rasillo – El Rasillo – Ortigosa de Cameros.

Vierte Etappe. Ortigosa de Cameros – Laguna de Cameros. 20 km.
Verlauf: Ortigosa de Cameros – Peñaloscinto – Portilla – El Hoyo – Pista de Villanueva a Lollano – Villanueva de Cameros – Portilla – Gallinero de Cameros – Pista de Libarache – Refugio de Libarache – Collado de Horquín – Caseta de Aguas – Laguna de Cameros.

Fünfte Etappe. Laguna de Cameros – San Román de Cameros. 16 km.
Verlauf: Laguna de Cameros – Collado de Ribacinto – Río Tejada – Solar de Tejada – Barranco de las Majadillas – Collado de Argayo – Arroyo de Muro – Muro en Cameros – Barranco de Matamancio – Collado de la Dehesa de Torre – Barranco de Berunda – Collado de la Dehesa de Santa María – Portilla de la Dehesa de San Román – San Román de Cameros.

Sechste Etappe. San Román de Cameros – Munilla. 20 km.
Verlauf: San Román de Cameros – Río Vadillos – Ruinas de la Ermita del Humilladero – Fuente de la Partentoria – Collado de la Dehesa – Nave de Ganado – Barranco Alto del Valle – Barranco del Valle – Munilla.

Siebte Etappe. Munilla – Enciso. 6,5 km.
Verlauf: Munilla – Trocha – Valdevigas – Enciso

Achte Etappe. Enciso – Cornago. 22 km.
Verlauf: Enciso – El Villar de Poyales – Fuente de Navalsaz – Camino a Ambas Aguas – Barranco de la Santa del Palo – Ambas Aguas – Arroyo de Vallaroso – Portillo de Valcardera – Barranco de Valcardera – Pista de la Acequia – Valdeperillo – Camino del Castillo – Cornago.

Es gibt in der Regel kein Problem, Wasser zu finden. Jedes Dorf hat meist seinen Brunnen.

Der Fernwanderweg wartet noch mit einer 59 Kilometer langen Variante aus, die unter dem Begriff Gran Recorrido-93-1 bekannt ist. Sie startet ebenfalls in Ezcaray und schlägt einen südlichen Bogen, bis sie bei Ortigosa de Cameros wieder den normalen Fernwanderweg erreicht. Hier ein Überblick über den Verlauf des GR-93-1:

Erste Nebenetappe. Ezcaray – Valvanera. 23 km.
Verlauf: Ezcaray – Carretera a Turza – Collado de Sagastia – Collado de Marulla – Pista en la Majada de Marulla – Collado de Beneguerra – Barranco de Campos Largos – Pista Forestal a Nestaza – Camino a Saleguillas – Collado de Saleguillas – Monasterio de Valvanera.

Zweite Nebenetappe. Valvanera – Viniegra de Abajo. 16,5 km.
Verlauf: Valvanera – Cortafuegos – Collado de Ocijo – Corral del Valle de las Vueltas – Venta de Viniegra – Viniegra de Abajo.

Dritte Nebenetappe. Viniegra de Abajo – Ortigosa de Cameros. 19,5 km.
Verlauf: Viniegra de Abajo – Ventrosa – Collado El Palo – Brieva de Cameros – Tenadas de la Escalera – Refugio – Collado de Canto Hincado – Abrevadero – Arroyo de Ríoseco – Ortigosa de Cameros.

Klöster in der Rioja

Sie waren Stätten der inneren Einkehr und der Wissenschaft, Zentren von hochgebildeten Mönchen, landwirtschaftliche Musterbetriebe und oft Kernpunkte bedeutender innerkirchlicher Funktionen. Im Mittelalter und bis in die frühe Neuzeit hinein hatten Klöster ihre ganz besondere Stellung in den staatlichen Gebilden. Die klösterlichen Führungskräfte unterhielten enge Bindungen zu Herrschern und Adligen. Und oft genug wünschten sich die weltlichen Lenker einen Platz im sakralen Pantheon.

Klöster reflektieren auch in der Rioja ein Stück regionaler Geschichte, die mitunter landesweit bedeutsam wurde. Man denke nur an die sprachlichen Forschungen und Übersetzungen der frommen Gelehrten im **Yuso**-Kloster von San Millán de la Cogolla. Dort stand die Wiege des heutigen Spanisch. Man denke nur an den gestalterischen Reichtum all der Klosterkirchen und Kreuzgänge; es rückten nur die besten Bildhauer und Architekten an. Das Gebiet der heutigen Rioja sollte schon den mittelalterlichen Jakobswegpilgern nachhaltig im Gedächtnis bleiben.

Die sehenswerten Klosteranlagen konzentrieren sich auf die Bereiche im gesamten Westen der Rioja: Santa María la Real in Nájera, Suso und Yuso in San Millán de la Cogolla, Caña zwischen Villar de Torre und Cirueña, Valvanera bei Anguiano, La Estrella nahe San Asensio sowie der Piedad-Konvent in Casalarreina.

Route der Klöster

Verlauf: **Haro** – **Casalarreina** mit **Convento de la Piedad** – **Gimileo** – **Briones** – **San Asensio** mit **Kloster Santa María de la Estrella** – **Nájera** mit **Kloster Santa María la Real** – **Baños de Río Tobía** – **Bobadilla** – **Anguiano** – **Valvanera-Kloster** – **Bobadilla** – **Villaverde de Rioja** – San **Millán de la Cogolla** mit den Klöstern **Yuso** und **Suso** – **Berceo** – **Villar de Torre** – **Cañas** mit **Kloster Santa María** – **Santo Domingo de la Calzada** - **Casalarreina** – **Haro**. 160 km.

In der Westhälfte der Rioja kann man auf einer Tour von Kloster zu Kloster verschiedene Ausgangspunkte nehmen. Wir empfehlen eine Route ab Haro, da man nicht direkt mit den Höhepunkten beginnt.

Unsere erste Station ist das südwestlich von Haro gelegene Casalarreina (vgl. dazu auch das Kapitel »Route des Oja-Flusses«). Klein, aber fein nimmt sich der Convento de la Piedad am Paseo de la Florida aus. Die Gründung geht auf Juan Fernández de Velasco, Bischof von Calahorra, im Jahre 1508 zurück. Dieser ist in der kirchlichen Hauptkapelle beigesetzt. Der Konvent wurde lange Zeit von den Dominikanerinnen genutzt. In der Außenansicht sind das Tympanon über dem Portal der Kirche und der spätgotische Bogen sehenswert. In dem einschiffigen Gotteshaus fallen die plateresken Bögen und der von Juan de Binies und Pedro Martínez gestaltete Hauptaltaraufsatz aus dem 17. Jahrhundert auf. Der Kreuzgang besteht aus zwei Ebenen, wobei der obere auch mit Holz gestaltet wurde.

Über Gimileo und Briones fährt man von Casalarreina aus ins südlich gelegene San Asensio mit seinem Kloster Santa María de la Estrella. Es handelt sich um ein Hieronymitenkloster aus dem 15. Jahrhundert, das über den Resten der einfachen Einsiedlerkapelle

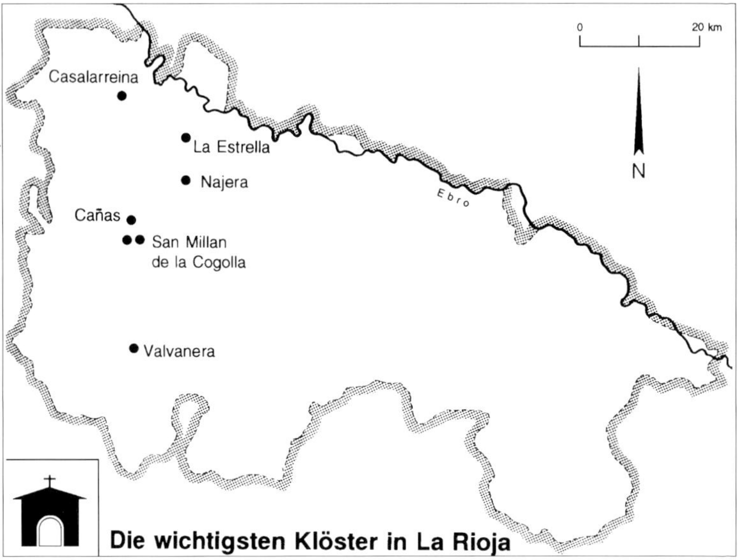

Die wichtigsten Klöster in La Rioja

Virgen de la Encina errichtet wurde. Von der mittelalterlichen Klosterkonstruktion ist im wesentlichen nur der gotische Kreuzgang erhalten. Nach schweren Zerstörungen im 19. Jahrhundert begannen die Aufbauarbeiten erst zu Beginn des 20. Jahrhunderts.

In San Asensio schlägt man den Weg ins nahegelegene Nájera ein (vgl. dazu auch das Kapitel »Nájera – Klosterstädtchen am Río Najerilla« beim »Jakobsweg durch La Rioja«). Um das Jahr 1030 ordnete König García el de Nájera den Bau des Klosters Santa María la Real an. Die kleine, romanische Abtei wurde im Jahr 1056 von König Sancho el Noble eingesegnet, doch von dieser einstigen Konstruktion hat sich nichts erhalten können.

Zwischen 1420 und 1453 wurde die gotische Kirche errichtet, die aus drei Schiffen mit Sterngewölbe und einem Querschiff mit Kreuzgewölbe besteht. Der barocke Hauptaltaraufsatz datiert aus dem 17. Jahrhundert und ist mit dem romanischen Bildnis der Virgen de la Terraza (12. Jahrhundert) geschmückt. Die Klosteranlage beherbergt zahlreiche Grabstätten, vor allem im Mitte des 16. Jahrhunderts geschaffenen königlichen Pantheon. Dort finden sich die Grabstätten von Herrschern wie García el de Nájera und seiner Gattin Estefanía, von Sancho el Noble, Sancho II. Abarca, Bermudo III. de León und Sancho IV. el Sabio de Navarra. Die Zahl der Grabstätten erreicht fast 30. Besondere Aufmerksamkeit verdienen das Grab der Doña Blanca de Navarra unter einer mit romanischen Reliefs verzierten Decke sowie die letzten Ruhestätten der Herzöge von Nájera.

Am königlichen Pantheon stößt man auf die »Höhle der Erscheinung« (Cueva de la Aparición) der Virgen de la Terraza. Durch das Portal Carlos I. tritt man in den großartigen gotischen Kreuzgang (Claustro de los Caballeros).

Anfang des 20. Jahrhunderts wurde das Kloster Santa María la Real umfangreich restauriert. Ebenso lohnenswert wie ein Streifzug durchs Innere ist der Blick auf den Bau von außen, denn der Komplex liegt unter einem mächtigen Felsmassiv.

Es fällt schwer, sich von Nájera und weiteren Sehenswürdigkeiten (Altstadt mit Mini-Fußgängerzone; Museum; Najerilla-Fluß) loszueisen und die Fahrt auf der Landesstraße 113 gen Süden fortzusetzen. Über Baños de Río Tobía und Bobadilla erreicht man Anguiano. Einige Kilometer hinter Anguiano geht es hinauf in der Bergwelt der Sierra de San Lorenzo zum Valvanera-Kloster.

Dort oben in der Einsamkeit des Gebirges verehren die Riojaner ihre Schutzpatronin, die Virgen de Valvanera (vgl. dazu auch das Kapitel »Route des Najerilla-Flusses«). Imposant erhebt sich jenes Zentrum der regionalen Wallfahrt auf einem Zwischenplateau. Dem Mauer- und Dachziegelwerk sieht man die ausgiebigen Restaurierungsarbeiten im 20. Jahrhundert an. Ins Leben gerufen wurde das Kloster mutmaßlich im 11. Jahrhundert. Die Kirche des Benediktinerkloster zeigt gotischen Stil und birgt das romanische Bildnis der Virgen de Valvanera.

Ebenso eindrucksvoll wie der Komplex selbst ist die Naturlandschaft um Valvanera. Berühmt-berüchtigt ist der von den Ordensbrüdern Valvaneras produzierte »Pachagin«, ein geradezu diabolisches Gemisch aus Schlehenlikör (Pacharán) und Gin (Ginebra). Bei einer Kostprobe hat er mir nach reinem Alkohol geschmeckt, und noch überkommt mich bei dem Gedanken daran ein leichtes Schaudern. Das hochprozentige Geschmacksurteil möge sich jeder selbst bilden...

Nach der Rückkehr auf die Landesstraße 113 hält man sich auf der altbekannten Route Richtung Nájera. In Bobadilla zweigt man linker Hand ab und erreicht über Villaverde de Rioja den Ort mit den beiden bekannten Klöstern Yuso und Suso: San Millán de la Cogolla (vgl. dazu auch das Kapitel »San Millán de la Cogolla – Klöster Yuso und Suso« sowie »Gonzalo de Berceo – der erste Dichter in kastilischer Sprache« in den Beschreibungen der Nebenroute des Jakobsweges durch die Rioja).

»Escorial der Rioja« – so nennt man das imposante Yuso-Kloster im Taleinschnitt von San Millán. Es soll Mitte des 11. Jahrhunderts an jener Stelle errichtet worden sein, an der die mit Reliquien des heiligen Millán beladenen Esel von Navarras König García Sánchez nicht mehr weiter nach Nájera gehen wollten.

Das ursprünglich romanische Heiligtum wurde zwischen dem 16. und 18. Jahrhundert erweitert. Auf jene Epoche geht auch der großzügige Eingangshof zurück, der durch solide und von Pyramiden unterbrochenen Steinmauern abgeschlossen wird. Von diesem Vorhof aus kann man eintreten ins Philologische Zentrum, im Herbst '92 von den spanischen Königen eingeweiht. Studenten und Wissenschaftler können sich dort den Studien der spanischen Sprache und Sprachgeschichte widmen. Bibliothek und Archiv beherbergen wertvolle Handschriften und Gesangbücher.

Im Yuso-Kloster entstanden die bis heute ersten bekanntgewordenen schriftlichen Zeugnisse der kastilischen Sprache (Romance castellano); es handelt sich um die unter dem Namen »Glosas emilianenses« zusammengefaßten und im 11. Jahrhundert entstandenen Randnotizen eines Ordensbruders bei seiner Übersetzung des als »Aemilianensis 60« bezeichneten Manuskriptes. So findet man hier die »Wiege des Spanischen«.

Und noch eine »Wiege« steht hier, nämlich die der ersten kastilischen Dichtungen von Gonzalo de Berceo (um 1195 - 1264). Gonzalo stammte aus dem nahegelegenen Örtchen Berceo und fungierte später als Diakon und Priester im Kloster. Dort verfaßte er Hagiographien zu regional bedeutsamen Heiligen sowie Strophen zum Jüngsten Gericht und der Passion Christi. 13 000 Verse sind überliefert.

Wenden wir uns wieder den steinernen Zeugen der Vergangenheit am Yuso-Kloster zu. Man erblickt das barocke Portal mit einem Relief, das San Millán zu Pferde und den heiligen Jakobus als Maurentöter zeigt. Ein Höhepunkt im Innern des Klosterkomplexes ist der Königliche Saal (Salón de los Reyes) mit interessanten Gemälden von Juan Rizzi. Der Künstler schuf unter anderem Portraits von García I., Sancho IV., Alfonso VII. de Castilla und dem Conde Fernán González. Der Besucher wird fernerhin zum Refektorium und zu einer neoklassizistischen Treppe mit Geländern aus Alabaster geführt sowie zu den imposanten Kreuzgängen San Augustín und San Millán. Der San-Millán-Kreuzgang ist ein Werk des Andrés Rodi aus dem Jahre 1572; zu den Schätzen dort rechnen auch die Gemälde von José Vexes zum Leben des heiligen Millán.

Die Klosterkirche wurde zwischen 1504 und 1540 erbaut. Den Hauptaltaraufsatz zieren acht Gemälde von Juan Rizzi. In der mit barocken Elementen versetzten Sakristei fallen die reichverzierten Grabstätten von San Millán und San Felices auf. Den Abschluß eines Besuches bietet in der Regel der Eintritt in den Prozessionskreuzgang mit geradezu verschwenderisch dekorierten Gewölben. Seit 1931 ist das Yuso-Kloster Nationalmonument.

In den Höhenlagen über San Millán de la Cogolla erreicht man über eine kurvenreiche Straße das kleine Suso-Kloster. In diesem Gebiet dort oben soll der heilige Millán (473-574) asketisch in einer Höhle gelebt und sich dem Gebet und der Buße hingegeben haben. Um die Grabstätte des Heiligen entstand eine kleine Kapelle, zu der sich im frühen Mittelalter zahlreiche Wallfahrer aufmachten.

Eine erste Klosteranlage wurde in der ersten Hälfte des 10. Jahrhunderts gegründet und die Kirche 984 eingesegnet. Im klösterlichen Vorhof stößt man zunächst auf die Gräber der sieben Infanten von Lara. Durch einen mozarabischen Bogen tritt man in das Gotteshaus ein. Mozarabische Stilelemente dominieren auch dort. Eindrucksvoll ist die gesamte Struktur, denn das Kirchenschiff ist unmittelbar an das Felsmassiv angebaut und mit diesem durch Höhlen, die zum Teil als Kapellen dienen, verbunden. In einer dieser Grotten befand sich bis ins Jahr 1053 die Grabstätte des San Millán; dann wurde sie hinab ins Yuso-Kloster überführt. An die Stelle des Original-Grabes rückte eine romanische Skulptur des Heiligen.

Man sollte nicht nur die Einzigartigkeit des Suso-Klosters genießen, sondern auch die frische Gebirgsluft und die Ausblicke hinab auf das Kloster von Yuso.

In San Millán de la Cogolla schlagen wir die Straße nach Berceo und weiter nach Villar de Torre ein. Zwischen Villar de Torre und Cirueña existiert ein Abzweig zum Kloster Santa María de Cañas (vgl. dazu auch das Unterkapitel zum Jakobsweg »Nebenroute II: Von San Millán de la Cogolla vorbei am Cañas-Kloster nach Cirueña«). Im Jahre 1236 war es Urruca López de Haro, die den klösterlichen Bau von Cañas durchsetzte. Mittlerweile ist die gotische Anlage mehrfach restauriert worden. Sehenswert sind der Kapitelsaal mit dem Grabmal für Urruca López de Haro und der Kreuzgang. Eine Besonderheit ist auch der große Lichteinfall durch die hochgezogenen Kirchenfenster. Im Innern des Sakralbaus befindet sich ferner ein Retabel mit dem Bildnis der Santa María.

Wer die Fahrt zum Ausgangspunkt Haro fortsetzen will, wählt die Route über die pittoreske Jakobswegstadt Santo Domingo de la Calzada (Kathedrale; Plaza de España; Parador Nacional) und Casalarreina. Bald rücken die Ausläufer von Haro ins Blickfeld.

Route des Iregua-Flusses

Verlauf: **Logroño** – **Albelda de Iregua** – **Sorzano** – **Nalda** – **Viguera** – **Torrecilla en Cameros** – **Pradillo** – **Villanueva de Cameros** – **Stausee González Lacasa** (auch **Ortigosa-Stausee**) mit Wassersportzentrum » **El Rasillo**« – **Ortigosa** – El Rasillo – **Nieva de Cameros** – **Lumbreras** – **Pajares** – Abstecher **Villoslada de Cameros** – ab Pajares Fahrt über die Paßhöhe von **Piqueras** nach **Soria** möglich

Länge: ca. 80 km (Hinweg, inklusive Abstecher); Weiterfahrt nach Soria oder Rückkehr auf derselben Strecke

Höhepunkte: Liebliche Fluß-, Tal- und Berglandschaft; traditionelles Gepräge der Dörfer; Einsiedlerkapellen und Ausblicke; Bergkette von Viguera; Sakralbauten in Torrecilla en Cameros; Einsiedelei Virgen de Tómalos (Rundblick); Pradillo (Hórreo-Bau mit Informationszentrum); Sakralbauten in Villanueva de Cameros; Abstecher zum Stausee González Lacasa mit Wassersportzentrum »El Rasillo«; Sierra-Dörfer; rustikales Örtchen Villoslada de Cameros mit nahegelegener Einsiedelei Lomos de Orios

Unsere Tour in den Süden der Rioja führt gewissermaßen gegen den Strom des Iregua-Flusses und in Richtung der benachbarten Provinz Soria mit ihrer gleichnamigen Hauptstadt. Ausgangspunkt ist Logroño. Insbesondere in den heißen Sommermonaten zieht es Sonntagsausflügler aus der Stadt hinauf in die Landschaftszone **Cameros** (**Tierra de Cameros**) auf der Suche nach einem angenehmeren Höhenklima, Waldarealen und Schatten. Das Cameros-Gebiet hat schon Gonzalo de Berceo in Reime gezwängt und die Qualität der Käseprodukte besungen.

Aus Logroño heraus findet man am besten auf der N-111 (Richtung Soria). Im Einzugsgebiet des Río Iregua begann vor allem in den sechziger Jahren ein landwirtschaftlicher Boom, doch haben sich mitunter die Gewichte hin zu industriellen Ansiedlungen verschoben. Noch im rund 15 Kilometer südlich von Logroño gelegenen Örtchen Albelda de Iregua macht sich der urbane und industrielle Einfluß in Form von Betrieben verschiedener Art bemerkbar – selbst Sardellen kommen dort im riojanischen Binnenland in Dosen. Von der Historie mit einem bekannten Kloster ist in Al-

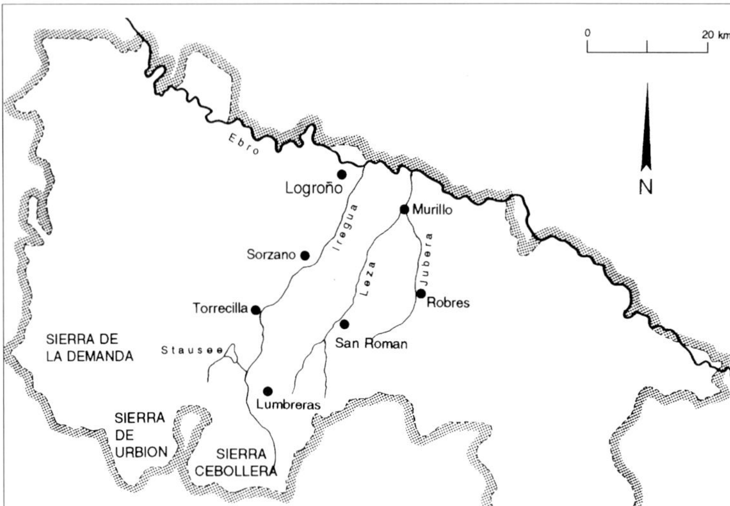

Route des Iregua-Flusses und des Leza-Flusses

belda nicht mehr viel zu sehen. Geschichtlich interessant ist das verschwundene Kloster San Martín allerdings deshalb, weil dort im Jahre 950 der erste namentlich dokumentierte Pilger auf dem Weg nach Compostela Station machte. Es handelte sich um den französischen Bischof Godelasco, dem die Kopie eines Buches anvertraut war, das er in der Ordensstätte pflichtgemäß übergab. Jenes Buch wird heute in der Nationalbibliothek von Paris aufbewahrt. Es enthält den Prolog des Mönches, der einst die Kopie des Werkes fertigte und darin die Umstände des Pilgerzuges von Godelasco erklärte.

In Albelda sind die aus dem 12. Jahrhundert stammende Kapelle Santa Fe de Iregua und die örtliche Pfarrkirche mit einem Retabel aus dem 16. Jahrhundert einen Besuch wert.

Rechter Hand der Nationalstraße liegen Dörfer wie Entrena (Kirche San Martín und Konvent Santa Clara, beide aus dem 16. Jahrhundert), Sojuela, Daroca de Rioja und Medrano. Dieses Gebiet ist sowohl bekannt für seine Weingärten als auch für den Anbau von Möhren und Porree. Sorzano ist ein weiteres landwirtschaftlich geprägtes Örtchen, an dessen Einsiedelei Virgen del Roble alljährlich am dritten Sonntag im Mai eine bekannte Prozession (Procesión de las Cien Doncellas) stattfindet. Von der Kapelle aus bieten sich gute Blicke hinweg über die Anbauflächen bis zu jenem Berg, der die berühmte Burg von Clavijo trägt.

Jenseits des Iregua und damit noch näher an der historischen Bastion von **Clavijo** liegt Nalda (hier auch Unterkunft). Ein steinerner Bogen nahe der

Plaza de la Iglesia ist das letzte Relikt der alten Stadtmauern. Von der außerhalb des Ortes gelegenen Einsiedlerkapelle Nuestra Señora de Villavieja aus hat man eine gute Weitsicht auf die fruchtbare Ebene. Ab Nalda gelangt man per pedes zu den Peñaguerra-Dolmen, sie sich auf dem Weg Richtung Trevijano befinden. Die Pfade sind allerdings nicht markiert. Man sollte in Nalda Einheïmische fragen.

Folgt man dem Iregua aufwärts, geht es nun weiter nach Viguera (Stadttor, Peñueco-Aussichtspunkt, nahegelegene Kapelle San Esteban mit Wandmalereien). Die Straße durchläuft eine liebliche Szenerie, zu der auch die kleine Bergkette von Viguera (Peñas de Viguera) rechnet. Nackte Felswände bilden krasse Gegensätze zu den kleinen Gärten und dem Flüßchen, das zwischen Baumreihen aus Erlen und Pappelnhinabströmt.

An Panzares und Nestares vorbei geht es nach Torrecilla en Cameros, der »Hauptstadt« des Tales. Der touristisch interessanteOrtistdreigeteilt.Beieinem kleinen Streifzug bieten sich als Ziele die Pfarrkirche San Martín mit Platz und Brunnen an, die Plaza de Baruelo mit ihrer Kirche Virgen de la Vega, die romanische Einsiedelei San Andrés und die mittelalterliche Brücke. Ab dem Ortsteil San Antón kann man hinaufsteigen zur romanischen Einsiedlerkapelle San Pedro. Im Ortsbild fallen einige Bauten aus mächtigen Quadersteinen auf, die ins 18. Jahrhundert zurückreichen und sich vom traditionellen Mauerwerk aus Bruchstein abheben. Außergewöhnlich ist in Torrecilla sicher auch der Golfplatz mit 18 Löchern.

Rund zwei Kilometer flußaufwärts von Torrecilla en Cameros liegt die Archäologen vorbehaltene Lóbrega-Höhle (cueva Lóbrega). Bereits Mitte des 19. Jahrhunderts fanden dort wissenschaftliche Untersuchungen statt. Die Forschungen weisen auf eine erste Präsenz des Menschen in dieser Höhle während des Neolithikums hin. Aus der Bronzezeit stammen mehrere Keramikfunde.

Erst im Jahre 1988 wurde ganz in der Nähe eine weitere Grotte entdeckt. Es handelt sich um die Tragaluz-Grabhöhle (Cueva Sepulcral del Tragaluz) im Gemeindegebiet von **Pinillos**. Keramikfunde deuten auf Grabbeigaben aus der Bronzezeit.

Auf dem Weg in Richtung Pradillo wird man oberhalb der Straße die aus dem 17. Jahrhundert datierende Einsiedelei Virgen de Tómalos gewahr, von der aus sich lohnenswerte Blicke ins Umland bieten.

Der Ort Pradillo bietet einen kleinen Park und den Hórreo-Bau, in dem heute ein Informationszentrum zur Cameros-Zone untergebracht ist. Die Natur um Pradillo ist vor allem bekannt wegen ihrer Bergeichenwälder. Wie in Pradillo, so sollte man überall auf die traditionellen Bauten achten: Mauern aus Steinblöcken, kleine Fenster, rostrot geziegelte Dächer. Häufig wird man als Fremder freundlich gegrüßt in den Dörfern. Alles scheint von einer rauhen Herzlichkeit geprägt. In all der friedlichen Eintracht spiegelt sich auch das rauhe und alles andere als idyllische Landleben wieder.

Villanueva de Cameros liegt am Zusammenfluß von Iregua und Albercos. Am Flußufer erhebt sich die barocke Einsiedelei Nuestra Señora de los Nogales mit einem gotischen Bildnis der gleichnamigen Schutzpatronin.

Ab Villanueva sollte man auf jeden Fall die Straße zu dem wenige Kilometer westlich gelegenen Stausee González

Lacasa einschlagen. Dieser ist auch unter dem Namen Ortigosa-Stausee bekannt, an dem sich das Wassersportzentrum »El Rasillo« befindet. Hier erstreckt sich die touristische Zone des Gebirges auf einer Höhe von rund 1 000 Metern.

Die Anlage des Sees geht auf das Jahr 1962 zurück. Pinien prägen die Vegetation. In der Fauna kommen beispielsweise Spechte, Eichhörnchen und Reiherarten vor. Berühmt ist der See – so wie der gesamte Río Iregua – wegen der Forellengründe. Im Zuge steigenden Tourismus sehen Naturschützer die natürliche Umwelt in diesem Gebiet in Gefahr. Vor allem die moderne Clubanlage am See (Club Naútico »El Rasillo«) lockt Besucher im Sommer magisch an. Man kann sich dort Bötchen und Bretter leihen, an Wassersportkursen teilnehmen oder zu einer schwimmenden Mole kraulen. Duschen sind ebenso vorhanden wie ein Restaurant und eine Bar.

Der See gehört zu den Gemeinden El Rasillo, Ortigosa und Nieva de Cameros. Sehenswert im Örtchen Ortigosa ist die Casa Grande, ein Quaderbau aus dem 16. Jahrhundert. Zu beachten sind, außer dem Portal, Wappen und Inschriften.

In El Rasillo sollte man sich die Dorfkirche aus dem 16. Jahrhundert anschauen, in der das Bildnis der Schutzpatronin Virgen de las Ebras verehrt wird.

Ebenso wie Ortigosa und El Rasillo, so ist auch Nieva de Cameros abseits der Nationalstraße 111 gelegen. Im Sakralbau von Nieva de Cameros beten Gläubige das romanische Bildnis der Virgen de Castejón aus dem 12. Jahrhundert an. Ganz in der Nähe befindet sich der keltiberische Fundort Montemediano.

Wer auf die Hauptstraße N-111 zurückkehrt, erreicht bald Lumbreras. Dort beginnt die Höhenzone der Sierra Cebollera, die auch den See von Lumbreras umfaßt. Pinien und Gebirgssträucher ziehen sich an den Hängen hinauf. Das Örtchen Lumbreras bietet dem Reisenden die Kirche San Bartolomé aus dem 16. Jahrhundert, die barocke Einsiedlerkapelle Virgen de la Torre und einen an diese angeschlossenen Verteidigungsturm.

Ab Lumbreras führt die N-111 weiter Richtung Pajares (See, nahe Luz-Einsiedelei) und dann über die Paßhöhe von Piqueras in die Provinz Soria mit ihrer Hauptstadt gleichen Namens.

Es empfiehlt sich, bereits wenige Kilometer von Lumbreras rechter Hand das Sträßchen nach Villoslada de Cameros einzuschlagen. Mit seinen mächtigen Häuserblöcken hat der Ort ein rustikales Gepräge. Eine mittelalterliche Brücke führt über den Iregua. Tief ins Gebirge hinein führt ab hier ein etwa zehn Kilometer langer Abstecher zur Einsiedlerkapelle Lomos de Orios (18. Jahrhundert).

Route des Leza-Flusses

Verlauf: **Logroño** – **Agoncillo** – **Murillo de Río Leza** – Abstecher längs dem Fluß **Jubera** nach **Jubera** und **Robres del Castillo** – **Ribafrecha** – **Leza del Río Leza** – **Trevijano** – **Soto en Cameros** – **San Román de Cameros** – **Jalón de Cameros** – **Cabezón der Cameros** – **Laguna de Cameros**

Länge: ca. 100 km (Hinweg, inklusive Abstecher); Rückkehr auf derselben Strecke

Höhepunkte: Gotteshäuser in Murillo de Río Leza; Abstecher in das Tal des Jubera-Flusses mit dem Felsmassiv **Peñas de Jubera** in wildromantischer Szenerie; Leza mit gleichnamigen Felsen und Canyon; dörfliche Idylle in Soto en Cameros; Ortsbild in San Román de Cameros; Einsiedlerkapellen in Laguna de Cameros

Wir verlassen Logroño auf der Straße Richtung Osten, bis diese N-232 bei Agoncillo eine Stichstraße ins Inland Richtung Murillo de Río Leza und Ribafrecha erreicht. Die Gegend um Agoncillo am Río Ebro wurde bereits zu römischen Zeiten besiedelt. Auf das 13. Jahrhundert geht die Anlage der Burg Aguas Mansas zurück.

Murillo de Río Leza ist ein landwirtschaftlich geprägter Ort. Das Bodega-Viertel und die Kirche San Esteban aus dem 16. Jahrhundert haben eine gewisse Bekanntheit erlangt. An diesem Sakralbau sollte man auf die Portale sowie im Innern auf das Hauptretabel achten. In der Einsiedlerkapelle Virgen del Cortijo (17. Jahrhundert) verehren die Gläubigen ein Bildnis der gleichnamigen Schutzpatronin.

In Murillo de Río Leza laufen die beiden Flüsse Leza und Jubera zusammen. Wer bereits an dieser Stelle einen Abstecher einlegen will, folgt der Straße Richtung Robres del Castillo, die parallel zum Río Jubera verläuft. Flußaufwärts geht es hinein in die Sierra de Cameros. Es geht über Ventas Blancas und vorbei an Santa Engracia in das Örtchen Jubera.

Bereits im neunten nachchristlichen Jahrhundert existierte Jubera. Der Legende nach soll das weiße Pferd des Jakobus bei der Schlacht von Clavijo einen großen Satz zur Burg Jubera und dann weiter zum Kastell von Cervera del Río Alhama gemacht haben. Im Mittelpunkt des Dorfes steht die Kirche San Nicolás; im Innern sieht man ein gotisches Christus-Bildnis.

Nach Jubera ist ein mächtiges Felsmassiv (Peñas de Jubera) benannt. Imposant ist vor allem der Tejero-Fels in einer wildromantischen Szenerie. In den steinernen Nischen nisten gelegentlich Geier- und Adlerarten. Es herrscht eine niedere Flora vor, in der unter anderem Rosmarinsträucher und Thymian sowie Buchsbäume vorkommen.

Der Endpunkt der Straße längs dem Jubera-Fluß ist in Robres del Castillo erreicht. Die Pfarrkirche San Miguel wurde einst über romanischen Bauresten errichtet. Über den Jubera führt eine Brücke mit Mauerwerk aus Bruchstein. Auffällig in dieser mitunter kargen und urwüchsigen Gegend sind die verlassenen Dörfer.

Wer zum Ausgangspunkt dieses Abstechers, Murillo de Río Leza, zurückfährt, bringt etwa 15 Kilometer hinter sich.

Ab Murillo de Río Leza leitet unsere Hauptroute über Ribafrecha (San-Pedro-Pfarrkiche aus dem 16. Jahrhundert mit gotischer Bildhauerarbeit der Santa María de Beraza) nach Leza del Río Leza. Man entdeckt kleine Wein- und Olivenkulturen.

Hinter Leza del Río Leza wird der Einschnitt des Flusses profunder. Nach Leza sind einige Felsen (Peñas de Leza) benannt, durch die sich der Fluß in einem sehenswerten Canyon windet. Ins Auge sticht die Erosion in diesen Kalksteinarealen. Mit Glück erblickt man Nester von Geiern in den Felsnischen.

Wir setzen die Fahrt über Trevijano nach Soto en Cameros fort, das man auch unter dem Namen Soto de Cameros findet. Frappant sind die jetzt öde Szenerie und der Terrassenfeldbau.

In Soto en Cameros kommt eine geballte dörfliche Idylle zusammen: der brückenüberspannte Fluß, mächtige Steinmauern und Wohnhäuser, Anwesen bis auf die Hänge hinauf und der hoch aufragende Turm der San-Esteban-Pfarrkirche. Ins Bild gehört auch die zentrale Plaza mit dem Brunnen. Den besten Blick über das Leza-Tal hat man von der nahegelegenen Einsiedlerkapelle Virgen del Cortijo aus.

Die goldenen Zeiten des Textil- und Handelszentrums Soto en Cameros, in denen hier sogar eine Schule für das Spinnereihandwerk bestand, sind längst passé. Auf der anderen Seite hat die intensive Landflucht ein idyllisches Ambiente gezeitigt.

Der nächste bedeutsame Ort flußaufwärts heißt San Román de Cameros. Schon aus der Ferne wird man die von einer Kirche gekrönte Ansiedlung gewahr. Bezaubernd ist auch hier wieder das ländliche Gepräge mit klobigen Steinhäusern, rostroten Ziegeldächern, Laternchen, Blumenkübeln und dem unförmigen Pflaster in den Gassen. Obgleich San Román de Cameros als zentraler Ort im Tal gilt, ist die umliegende Zone von den Bewohnern verlassen worden – in den Städten erhofften sie sich mehr Glück. Jedermanns Sache ist das harte Leben auf dem Lande freilich nicht. Besucher sollten sich Zeit nehmen und die Einsiedelei Virgen del Carmen, die Asunción-Pfarrkiche mit kleinem angeschlossenen Museum und die Mühle aufsuchen.

Von den verlassenen Dörfern im Umland gehen gleichsam Faszination und Tristesse aus. Was läßt sich nicht alles in die altehrwürdigen Mauern hineininterpretieren! Was mögen sich für Schicksale hinter den jetzigen Ruinen abgespielt haben? Hier haben noch vor wenigen Jahrzehnten Menschen gelebt, haben gearbeitet und gezeugt, sind dort gestorben und begraben. Doch die Siedlungspolitik unter Diktator Francisco Franco in den sechziger Jahren zwang viele, ihre angestammte Heimat in den Bergen zu verlassen. Viele haben ihr Leben lang eine solche Entwurzelung nicht verarbeiten können. »Wer die Rioja einmal dort oben in der Sierra gespürt hat, möchte nie mehr weg. Aber was sollten wir damals machen?« So hat es mir vor kurzem noch ein alter Mann in einer logroñesischen Bar in der Calle San Juan erzählt.

In der Nähe von San Román de Cameros finden sich Örtchen wie Rabanera (Brotöfen), Ajamil (Honigerzeugnisse) und Santa Marina, das auf rund 1250 Metern am höchsten gelegene Dorf in der Rioja.

Folgt man ab San Román de Cameros weiter dem Lauf des Flüßchens Leza, ist nach wenigen Kilometern Jalón de Cameros erreicht. Dort gibt es einen Kreuzungspunkt; eine Straße Richtung Westen leitet an Muro en Cameros (Palast aus dem 18. Jahrhundert) vorbei zur Nationalstraße 111 am Río Iregua.

Längs dem Leza fahren wir auf der Landstraße an Cabezón de Cameros vorbei und erreichen den Endpunkt unseres Ausflugs: Laguna de Cameros. Zu besichtigen sind die barocken Einsiedlerkapellen Santa Apolonia und Santo Domingo de Silos, die Pfarrkirche aus dem 16. Jahrhundert im oberen Ortsteil und die Plaza. Laguna de

Cameros besticht durch seine traditionelle Architektur eines Gebirgsortes. Umso mehr zeigt sich der Reisende erstaunt vom Anblick einer kleinen Wurstfabrik.

Auf der Hauptstraße kehren wir in umgekehrter Richtung nach Logroño zurück.

Calahorra

In den Gassen Calahorras treibt man unwillkürlich zurück ins Gestern. Ob vor hundert Jahren oder heute – die Szenerie ist an vielen Punkten gleich geblieben. Maiskolben und Paprikaschoten trocknen vor weißgetünchten Wänden in der Sonne. Aufgeleint sind auch Wäschefetzen zwischen winzigen Fenstern, und wieder sieht man Laternchen an der Häuserfront. Doch es gibt auch das andere Calahorra außerhalb dieser Gassen. Dort, zwischen Casa Consistorial und dem Parador Nacional, zeigt das Städtchen sein modernes Gepräge mit einer großzügigen Promenade und geschäftigem Treiben. Und in der City gibt es nahe dem Rathaus und der Santiago-Kirche gar nur gebührenpflichtige Parkplätze.

Bereits in vorchristlichen Zeiten war die Stadt in der Rioja Baja am Río Cidacos bekannt. Sie wurde mutmaßlich von den Keltiberern gegründet und fiel im 2. Jahrhundert vor der Zeitenwende den Römern in die Hände. Sie gaben ihr den Namen Calagurris. Die römischen Dichter Quintilianus und Prudentius stammten aus Calahorra. Später gingen Westgoten und Mauren bis zur 'christlichen' Reconquista Mitte des 11. Jahrhunderts über die Stadt hinweg. Einen lohnenswerten Überblick über die lokale und regionale Historie erhält man im Gemeindemuseum (Museo Municipal; Calle Pérez Oliván).

Hauptsehenswürdigkeit von Calahorra ist die Kathedrale. Prachtvoll erhebt sie sich am Rande der Stadt nahe dem Río Cidacos. Von der rund 50 Kilometer entfernten Provinzhauptstadt Logroño schaut man mitunter heute noch voller Neid auf diesen Sakralbau und die Ergebnisse der Kirchenpolitik in dieser Region. Denn hier befindet sich der Sitz des Bischofs. Im Hochmittelalter erstreckte sich das Bistum von Calahorra hinein in die benachbarten Zonen Burgos, Soria, Alava, Vizcaya und Guipúzcoa.

Die Kathedrale wurde im wesentlichen zwischen dem 13. und 16. Jahrhundert errichtet. Man erkennt sowohl Einflüsse der Gotik als auch der Renaissance. Das Portal stammt aus dem Barock; an der Fassade sticht ein Marienbildnis hervor. Reich an dekorativen Elementen ist auch der Mitte des 16. Jahrhunderts errichtete Turm.

Im Innern des Gotteshauses fallen die reichen Gitter, Altäre und Retabel auf. Beachtung verdienen die Kapellen San Pedro und Santos Mártires sowie der Raum hinter dem Chor mit der Skulptur Santo Christo de la Agonía. Imposant wirkt die Sakristei mit Kupferstichen aus der niederländischen Schule sowie Gemälden von José de Ribera und Francisco de Zurbarán. Die kostbare Goldschmiedearbeit El Ciprés schenkte König Enrique IV. der Kathedrale im Jahre 1467.

In unmittelbarer Nachbarschaft der Kathedrale erhebt sich der Bischofspalast. Dessen bauliche Ursprünge liegen im 16. Jahrhundert. Parallel zum Río Cidacos verläuft der Paseo de las Bolas; in diesem Bereich kann man sich das

Bildnis an der Kathedrale, Calahorra

Haus der Kanoniker mit einem Portal aus dem 16. Jahrhundert, Reste des alten Hospitals und den 1598 gegründeten Konvent der Karmelitinnen ansehen.

Wer von der Kathedrale aus der Straße über den Cidacos folgt und sich dann links hält, gelangt an das Carmen-Heiligtum (Santuario Nuestra Señora del Carmen) und an ein mittelalterliches Wegekreuz (Crucifijo Humilladero). Von dieser Seite des Río Cidacos aus schaut man auf die typische Silhouette Calahorras mit ihren Kirchtürmen.

Einen lohnenswerten Ausblick innerhalb der Stadt bietet sich vom Plateau an der Calle del Cabezo aus. Das Auge wandert über seichte Hügel und reiche Felder. Calahorra ist ein Zentrum der landwirtschaftlichen Produktion in der Rioja. Angebaut werden unter anderem Mais, Paprika, Kopfsalat und Getreide.

An weiteren Sehenswürdigkeiten bietet Calahorra die Santiago-Kirche mit barocken und klassizistischen Elementen, die im 18. Jahrhundert errichtete Kirche San Francisco mit nahem Aussichtspunkt an der Plaza de la Verdura und die Kirche San Andrés mit spätgotischem Portal und einem Turm mit mudejaren Elementen.

Auf den Spuren der Dinosaurier

Die bedeutendsten Abdrücke in Europa

Kurz vor **Munilla** nehmen wir eine staubige Steinpiste. Hinter einer Kurve steigt Antonio aus und löst die Sperrschranke. Das Sträßchen windet sich hinauf in die karge Gebirgswelt der südöstlichen Rioja. Mit unserem Fahrzeug folgen wir dem verheißungsvollen Schild »Huellas« – »Fußspuren«. Noch vermögen wie die Faszination dieser vorzeitlichen Abdrücke nur zu erahnen. Ein Kribbeln steigt in uns auf.

Die Gegend ist unwirtlich. Ein paar Bergrinder werfen uns mürrische Blikke zu. Dann taucht wieder ein »Huellas«-Schild am Weg auf. Wir stoppen. Ganz in der Nähe muß es sein. Antonio, Salomé, Cristina und ich verlassen den Wagen. Elena geht es gemächlicher an. Wir nehmen die klare Gebirgsluft in uns auf und lauschen hinein in die Stille der Berge. Es ist ruhig. Schweratmig steigen wir linker Hand einen Hügelkamm bergan. Das nackte Gestein glänzt in der Sonne. Antonio entdeckt die ersten Spuren. »Hier auch«, ruft Salomé. Tief im Gestein erkennen wir die wundersamen Abdrücke, Millionen von Jahren alt...

Die Dinosaurierspuren in der Rioja sind Zeugnisse ganz besonderer Art – einzigartig in ganz Spanien und die bedeutendsten in Europa. So wie nahe dem Örtchen Munilla, so liegen viele der »Huellas« abseits der von Menschen ausgetretenen Pfade. Noch faszinierender wird die Spurensuche, wenn man sich die urzeitliche Szenerie vergegenwärtigt. Damals, als die Giganten über die Höhen stampften.

Der Begriff Dinosaurier faßt die Bezeichnungen für die beiden ausgestorbenen Kriechtierordnungen Saurischier und Ornithischier zusammen. Die Dinosaurier bewohnten diesen Planeten in einer Epoche zwischen 235 und 65 Millionen Jahren vor unserer Zeit. Ihre größte Verbreitung hatten sie zur Kreide- und Jurazeit. Gegen Ende der Kreidezeit starben sie aus.

Diese Drachenechsen konnten bis zu 35 Meter lang werden. Charakteri-

stisch waren der kleine Kopf sowie ein langer Hals und Schwanz. Ursprünglich waren die Dinosaurier räuberische Fleischfresser, die sich auf den Hinterbeinen fortbewegten. Die Vorderbeine waren häufig sehr kurz und besaßen Greifhände. Im späteren Verlauf der Entwicklungsgeschichte wurden viele Arten zu Pflanzenfressern. Diese bewegten sich wieder auf vier Beinen fort und waren oft gegen Angriffe räuberischer Echsen gepanzert oder mit hornförmigen Auswüchsen versehen.

In La Rioja sind bis heute 5 000 Dinosaurierspuren nachgewiesen worden, von denen etwa die Hälfte erforscht ist. Die Paläontologen gehen davon aus, daß die meisten der Abdrücke rund 120 Millionen Jahre alt sind. Vergleichbare Areale dieser Bedeutung existieren auf der Erde lediglich in den Vereinigten Staaten, Nigeria, Argentinien und der Mongolei. Auch in Deutschland sind vereinzelte Stätten bekannt.

Natürlich haben die Dinosaurier nicht überall Spuren hinterlassen, die noch heute nachweisbar sind. Die Konditionen mußten besondere sein, die Erklärung ist einfach. Im sumpfigen Gebiet nur war die Erhaltung der Abdrücke möglich. Diese erhärteten sich mit der Zeit und wurden von anderen Materialien und Schichten überlagert, ehe sie Jahrmillionen später – zum Beispiel durch Erosion – freigelegt wurden.

Die aufsehenerregendsten Fundstellen in der Rioja befinden sich in der südöstlichen Rioja nahe Enciso, Cornago, Soto en Cameros, Munilla, Grávalos und Igea. Im Jahre 1993, da auch in Spanien Steven Spielbergs Dinosaurier-Streifen »Jurassic Park« in den Kinos angelaufen war, gelang es unbekannten Zeitgenossen, einige weniger bedeutsame Abdrücke samt Gesteinsblöcken aus den Bergen zu stehlen.

Die fossilen Abdrücke in der Rioja stammen in erster Linie von Exemplaren der Familien Iguanandontiae und Tyrannosauridae. Die Spuren sind in ganz unterschiedlicher Qualität erhalten und variieren nach Form, Tiefe und Größe. Manche Abdrücke erreichen Ausmaße von 45 Zentimetern Länge und einer maximalen Breite von etwa 25 Zentimetern.

Dinosaurierspuren haben längst ihren Platz in der regionalen Mythologie gefunden. Für die Bewohner galten sie in den Zeiten vor dem Beginn wissenschaftlicher Forschung als furcht- und respekteinflößend. In manchen Zonen wurden die Abdrücke als jene des Pferdes des heiligen Jakobus (Santiago) interpretiert.

Route der Dinosaurier

Verlauf: **Calahorra** – **Autol** – **Quel** – **Arnedo** – **Herce** – **Santa Eulalia Bajera** – **Arnedillo** – **Peroblasco** – **Munilla** (Fundstelle Umbría del Portillo) – **Enciso** /nahe Fundstellen Virgen del Campo, Valdecevillo, El Villar und La Cuesta de Andorra) – Rückfahrt über Arnedillo und Herce nach Arnedo – **Muro de Aguas** (Fundstelle Chorrón del Saltadero) – **Ambas Aguas** (Fundstellen Santa Lucía, Valdeté. La Magdalena) – Muro de Aguas – Grávalos (Fundstelle Valdevahes) – Fundgebiet **Los Cayos** – **Cornago** – **Igea** (Fundstellen La Cañada, Santa Ana, La Torre, El Reseco und Fuente J. Podrida) – **Rincón de Olivedo** – **Fitero** – **Corella** – **Alfaro** – Calahorra

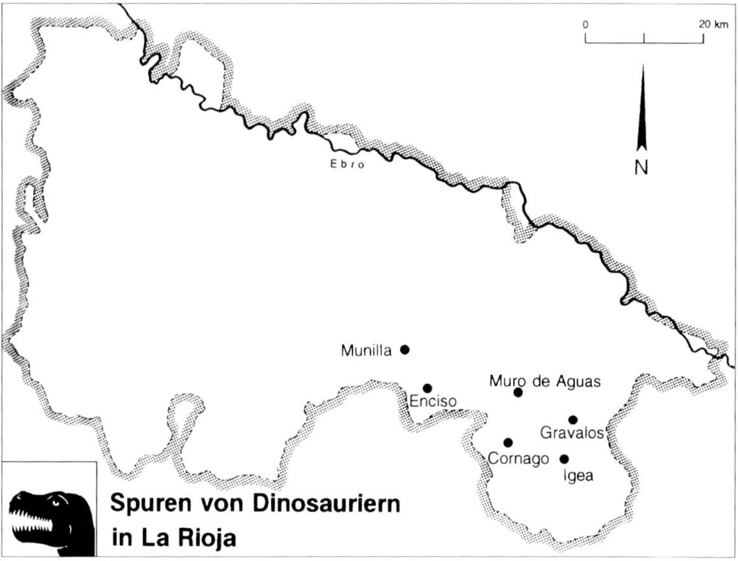

Spuren von Dinosauriern in La Rioja

Länge: ca. 220 km inklusive Abstecher

Auf die Spur der urzeitlichen Riesen begibt man sich am besten von Calahorra aus und wählt die Route längs dem Cidacos-Fluß nach Arnedo. Auf dem Weg dorthin passiert man Autol (Felsabfälle; Steinformation »El Picuezo y la Picueza«; San-Adrián-Kirche) und Quel (Felsmassiv mit Burgresten).

Arnedo gilt als der wichtigste Ort im Tal des Río Cidacos. Sehenswert sind die Kirchen Santo Tomás, San Cosme y San Damián und Santa Eulalia sowie die Reste einer mittelalterlichen Burg auf dem Stadthügel und die herrschaftlichen Häuser aus dem 18. Jahrhundert. Zu Autol, Quel und Arnedo vgl. die detaillierten Beschreibungen bei der Tour »Zwischen Río **Cidacos** und Río Alhama«.

Ab Arnedo wählen wir zunächst die Landstraße 115 Richtung Enciso und folgen dem Cidacos aufwärts. Auf dem Weg nach Herce tauchen Mini-Massive auf; auf einer dieser Bergspitzen steht sogar ein leuchtend weißes Haus. Dies bildet einen markanten Kontrast zu dem rötlich-braunen Gestein. Es geht durch Herce (Reste einer Burg und eines Konvents aus dem 16. Jahrhundert) und das verlorenen Santa Eulalia Bajera mit einer winzigen, gedrungenen Kirche bis nach Arnedillo.

Das Tal des Río Cidacos hat hier einen besonderen Reiz: kleine Anbaukulturen, Brücken, nackte Felswände, büschelbestandene Abhänge. Den Charakter einer Schlucht trägt das letzte Teilstück vor Arnedillo. Bekannt ist der Ort vor allem wegen seiner Thermalquellen. Erholungsbedürftige finden das ganze Jahr über ein Becken mit bis zu 52 Grad heißem natriumchloridhaltigem Wasser sowie Moorbäder. Bereits von der Hauptdurchgangsstraße aus ist aus der Ferne drunten am Fluß das Schild »Baños de Barro« (Schlammbäder) zu erkennen. 40 Einzelbäder stehen zur Verfügung. Empfohlen werden die Bäder in dem etwa 650 Meter über NN gelegenen Ort bei Rheuma, Ischias und Knochenverletzungen. Hauptsaison im Badeort ist zwischen Anfang Juni und Mitte Oktober. Der Reisende hat in Arnedillo die Wahl zwischen zwei großen Hotels.

Ansehen sollte man sich die Einsiedlerkapellen Nuestra Señora de Peñalba mit mozarabischen Elementen und San Tirso, welche mit einer Höhle verbunden ist. Am 30. November kommt es in Arnedillo alljährlich zu einer kuriosen »Rauch-Prozession« (Procesión del Humo) zu Ehren des heiligen Andreas.

In S-Kurven geht es auf der engen Straße am Cidacos-Fluß entlang. Feine Einschnitte und Terrassen zeichnen die Hügel. Auf der gegenüberliegenden Seite des Wasserlaufs zieht sich das verlassene Dorf Peroblasco am Hügel entlang. Typisch sind sowohl die alten Steinhäuser als auch die Olivenbäume.

Schließlich taucht an der Straße das Schild »Ruta de Dinosaurios« – Route der Dinosaurier – auf. Dort zweigt man auf eine kleine Straße ins knapp drei Kilometer entfernte Munilla ab. Bis auf eine Plaza und die beiden Kirchen Santa María (gotisches Bildnis des Santo Cristo Serrano) und San Miguel hat Munilla nicht viel zu bieten. Die Attraktionen liegen abseits des Ortes im Gebirge. Man folgt dem Schild »Huellas« – Fußspuren von Dinosauriern – auf einer Piste durch unwirtliches Gelände, bis man nach etwa zwei Kilometern an einem weiteren Schild oberhalb einer Schlucht parken sollte. Beiderseits der Straße stößt man auf die Spuren der vor Jahrmillionen ausgestorbenen Riesen.

Yacimiento del Umbría del Portillo – so lautet der Name der Fundstelle. Forscher gehen davon aus, daß hier die versteinerten Fußabdrücke in erster Linie von Carnosauriern herrühren. Die Herausbildung solcher Fußspuren ist leicht zu erklären. Einst stampften die Echsen über lehmigen, morastigen Grund und hinterließen ihre Spur. Später blieben die Abdrücke im weichen Schlamm als Fossilien erhalten, sofern der Schlamm zu Gestein wurde, bevor Regen oder fließendes Wasser die Spuren verwischten. Wichtig war auch, daß der Morast von verschiedenen Sedimenten überlagert wurde und später wieder an die Oberfläche kam.

An den Abdrücken erkennen Forscher Art, Größe und Gewicht des Sauriers. Versteinerte Fährten verraten, ob das Tier ging oder rannte, ob es den Schwanz auflegte oder nicht, ob es über nassen Schlamm oder angetrockneten Boden lief, ob es ein Zwei- oder Dreifüßer war. Doch manche Spuren werden für immer ein Geheimnis bleiben.

Nicht so jene bei Munilla. Carnosaurier, jene fleischfressenden Dinosaurier, waren dort. Charakteristisch waren ihre scharfen Zähne und Krallen, die sie oft bei Angriffen gegen kleinere Dinosaurier oder Reptilien einsetzten. Die meisten dieser Raubsaurier gingen auf zwei Beinen. Die Abdrücke, die sie dort oben im öden Gebirge auf heutigen Felsplatten am Hügel und in der Schlucht hinterließen, sind bis zu 40 Zentimeter lang. Viele sind äußerst gut zu erkennen; es ist faszinierend, seine eigene Hand oder den Fuß zum Größenvergleich neben den Abdruck zu halten. In manchen der Fährten stehen nach Regengüssen sogar kleine Wasserlachen. Weiße Farbmarkierungen auf den Felsen sind auf die Aktivitäten von Forschern zurückzuführen.

Yacimiento del Umbría del Portillo bildet einen Höhepunkt für die Fährtensucher der Moderne. Von Munilla aus kehren wir auf die Hauptstraße zurück und folgen weitere sechs Kilometer dem Lauf des Río Cidacos bis Enciso. Der Ort kündigt sich durch die Concepcíon-Einsiedelei und ein Wegekreuz an. Von jeher war Enciso ein wichtiger Kreuzungspunkt der Schafhirten, und zu besonderer Bekanntheit gelangte die Wolle von den einheimischen Chamarita-Schafen.

Enciso zieht sich an einem Hügel aufwärts, der von den Resten einer mittelalterlichen Burg bestanden ist. Im Ortsbild dominieren die beiden Kirchen Santa María de la Estella (16. Jahrhundert; wertvolles Bildnis der Santa María) und San Pedro. Am Ausgang des Dorfes geht es linker Hand über eine Brücke zu verschiedenen Dinosaurierstätten: Yacimiento Virgen del Campo, Yacimiento de Valdecevillo, Yacimiento de El Villar und Yacimiento de La Cuesta de Andorra. Der letztgenannte Fundort liegt von einer neuerlichen Gabelung aus rund sieben Kilometer entfernt.

Bequem erreicht ist die paläontologische Zone Virgen del Campo wenige hundert Meter von der Gabelung. An einem steilen Steinhang macht man unzählige kleine Abdrücke aus.

Fast genauso interessant ist es, auf einer Piste in die Gebirgswelt hinaufzufahren. Nach einigen Kilometern eröffnet sich an jener Straße, die von dort an nur autorisierten Fahrzeugen zugänglich ist, eines dieser typischen verlassenen Dörfer der Rioja.

Die rustikalen Steinbauten auf den Wiesenflächen sind gut erhalten. Auch die kleine Dorfkirche steht noch. In deren Innern erheben Graffitis an den Wänden stumme Anklage gegen eine staatliche Landwirtschaftsorganisation. Im Zuge von Auffortungsprogrammen sind wohl die Bewohner von dort einst vertrieben worden – die Geschichten mag sich droben in der Einsamkeit der Berge jeder selbst hinzudenken. Man spürt eine angenehme bis unheimliche Stille, und nur ein fernes Geläut von Kuhglocken dringt bis ans Ohr.

An der Ausgangsgabelung nahe dem Fluß wählen wir nicht den Weg zurück nach Enciso, sondern weiter zu den Fundorten Yacimiento de Valdecevillo (1,8 km), Yacimiento del El Villar (4,6 km) und Yacimiento de La Cuesta de Andorra (6,7 km).

Die Valdecevillo-Stätte kündigt sich mit einer markanten, grünen Sauriernachbildung aus Kunststoff und Metall auf einer Bergkuppe an. Es lohnt sich, das Fahrzeug in dem kleinen Nebenweg abzustellen und zu Fuß dem steinigen Pfad bergaufwärts zu folgen. Man ist überrascht von der Fülle der Spuren, die wahrscheinlich von Iguanodontiden herrühren.

Die Iguanodontiden bezeichnet man auch als »Leguanzähne«. Charakteristisch für diesen Typ Saurier waren die dreizehigen Füße mit Hufnägeln, fünfgriffige Hände und eine größere Länge der Ober- als der Unterschenkel. Meist gingen die Iguanodontiden auf allen Vieren, doch konnten sie sich auch hoch aufrichten. Ein weiteres Merkmal war ihr abgeflachter, steifer Schwanz.

Die »Leguanzähne« lebten während der Kreidezeit, in der sie sich über alle

Kontinente verbreiteten. Forscher fanden ihre Fußabdrücke in Südamerika und sogar in Spitzbergen.

Nicht alle Spuren am Yacimiento de Valdecevillo stammen jedoch von den Iguanodontiden. Jene beispielsweise in dem kleinen, umzäunten Areal zeugen von einem Carnosaurier. Die Abdrücke dieses zweibeinigen Fleischfressers sind über 40 Zentimeter lang. Wer sich ein Bild von einem Carnosaurier machen will, braucht nur hinüberzublicken auf die Nachbildung. Bezeichnend für die Fleischechsen waren die großen Beinknochen, der kurze Hals und die scharfen Zähne. Die meisten dieser großen Tiere waren zu langsam, um schnelle Läufer zu fangen. Man muß sich vorstellen, daß sie sich oft nur in einem plumpen, schaukelnden Gang vorwärts bewegten.

Nach einem ausgiebigen Besuch nehmen wir die Piste und fahren weiter durch das verlorene Örtchen El Villar, bis die weiteren Stätten Yacimiento de El Villar (Spuren von zweibeinigen, fleischfressenden Theropoden) und Yacimiento de La Cuesta de Andorra (Spuren von Iguanodontiden) auftauchen. Die beiden letztgenannten Fundstellen sind von untergeordneter Bedeutung, da sich die Abdrücke nicht gut haben erhalten können.

Man befindet sich am Örtchen Navalsaz mit einer kleinen Steinkirche am Hügel. Fernsehantenne und große Strommasten wollen nicht so recht ins Bild passen. In dieser Gegend gibt es mehrere Picknickareale, Aufforstungen und private Jagdschutzgebiete. Nicht zu empfehlen ist es, der steinigen und holprigen Piste weiter in Richtung Cornago zu folgen.

Man sollte umdrehen und über Enciso, Arnedillo und Herce nach Arnedo zurückkehren. Dort schlägt man die Landesstraße 123 in Richtung Villarroya und Grávalos ein. Zur rechten erhebt sich der 1 456 Meter hohe Isasa-Berg, der höchste in der Rioja Baja. Die Legende erzählt von einem Riesen, der aus dem südlichen Gebiet von Navarra einen Felsbrocken gegen den Gipfel von Isasa schleuderte.

Von der C-123 zweigt man nach Muro de Aguas ab. Rund 2,5 Kilometer südlich des Ortes erreicht man an einer Schlucht die Stätte Yacimiento del Chorrón del Saltadero mit wenigen gut konservierten Abdrücken. Diese liegen einzeln verstreut und sind maximal 30 Zentimeter lang.

In ebenso bedauernswertem Zustand befinden sich Spuren am Yacimiento de Santa Lucía zwischen Muro de Aguas und dem Nachbarort Ambas Aguas. Hier läßt sich nur schemenhaft das Leben der Iguanodontiden nachvollziehen.

Rund um Ambas Aguas sind die beiden weiteren Fundplätze Yacimiento de Valdeté und Yacimiento de La Magdalena bekannt. Man faßt sie auch unter dem Namen Yacimientos de Préjano zusammen, da sie sich bereits im Gemeindegebiet von Préjano befinden. Aus exakt elf Abdrücken besteht die Stelle Valdeté nahe der Corrales de Fuente Rinilla. Über 40 Zentimeter lang sind die guterhaltenen Abdrücke von einem Iguanodon. Forschungen an dieser Stelle haben ergeben, daß die Körpergröße des einst dort vorbeimarschierten »Leguanzahns« acht Meter lang gewesen sein muß.

Aus sieben Abdrücken besteht der Yacimiento de La Magdalena zwischen Ambas Aguas und der Los-Lobos-Schlucht (Barranco de los Lobos). Auch diese gehen auf ein Iguanodon-Exemplar zurück.

Ambas Aguas bildet den Ausgangspunkt für die Fahrt zurück über Muro de Aguas auf die Hauptstraße C-123. Nach dem Rechts-Abzweig kann man einige Kilometer geradeaus fahren, bis man hinter Grávalos den Kilometerstein 26 erreicht.

Dort am Valdevajes-Bach (Arroyo de Valdevajes) zeugt der Fundplatz Yacimiento de Valdevajes sowohl von der Präsenz der Iguanodontiden als auch möglicherweise der Coelurosaurier. Bei diesen Hohlknochensauriern handelte es sich um kleine, schnelle Tiere mit langen Beinen und langen Armen. Die Größe dieser leichtgebauten Zweibeiner schwankte zwischen der eines Huhns und der eines Menschen. Auf dem Speiseplan der Coelurosaurier standen unter anderem Eidechsen, Eier, Insekten, junge Dinosaurier und Aas.

Man sollte am Yacimiento de Valdevajes umdrehen und über Grávalos bis zu jener Kreuzung fahren, an der die Nebenstraße links Richtung Cornago abzweigt.

Nach etwa sieben Kilometern steht man auf einer Hügelkuppe. Ein Schild weist dort auf das etwa 2,5 Kilometer entfernte Fundgebiet Los Cayos, das zu den spektakulärsten bei dieser Tour zählt. Die steinige und staubige Piste windet sich durch eine imposante Gebirgsszenerie.

Der weitläufige Yacimiento de Los Cayos besteht aus hunderten von Abdrücken. Die wichtigsten konzentrieren sich um einen großen überdachten Bereich, doch schluckt das Dach in erheblichem Maße den Reiz des Urzeitlichen. Extrem tief sind dort im Gestein die Abdrücke von Carnosauriern und Ornithopoden. Es ist ein höchstinteressantes und wirres Durcheinander von Spuren. Einzelne in diesem Terrain werden sogar den Auropoden zugeschrieben, den Riesen unter den Dinosauriern. Diese »Echsenfüßer« waren friedliche Pflanzenfresser mit säulendicken Beinen und vergleichsweise winzigen Köpfen.

Die letzte Etappe unserer Saurier-Tour führt uns zurück auf die Hauptstraße und dann weiter über Cornago (mittelalterliche Burg; San-Pedro-Kirche) nach Igea mit seinem bekannten Palast Marqués de Casa Torre aus dem 18. Jahrhundert (vgl. dazu auch die Tour »Zwischen Río Cidacos und Río Alhama«).

Rund um Igea liegen mehrere kleine Fundstellen: Yacimiento de La Cañada an der La-Cañada-Schlucht nahe der Straße von Cornago nach Igea (Spuren von Carnosauriern), Yacimiento Santa Ana nahe der Einsiedlerkapelle Santa Ana (Spuren von Ornithopoden), Yacimiento de La Torre nordwestlich von Igea (Spuren von Carnosauriern und Ornithopoden) sowie die vergleichbaren Yacimiento El Reseco und Yacimiento Fuente J. Podrida. Manche der Abdrücke sind von den Wissenschaftlern als Spuren von Entenschnabel-Hadrosauriern identifiziert worden. Unter diesen kam möglicherweise der Telmatosaurus (Sumpfechse) in der Rioja vor.

Von Igea aus kann man die Tour – jetzt ohne Dinosaurierspuren – über Rincón de Olivedo nach Navarra hinein fortsetzen. Es geht über den Thermalbadeort Fitero und Corella auf die Nationalstraße 232 bei Alfaro und ab dort zurück nach Calahorra (vgl. detaillierte Informationen zu diesen Abschnitten in umgekehrter Richtung bei der Tour

»Zwischen Río Cidacos und Río Alhama«).

Von untergeordneter Bedeutung sind weitere Saurierabdrücke im Süden der Rioja. Dazu rechnen: Yacimiento Camino de Zenzano bei Soto en Cameros, Yacimiento de Cabezón de Cameros, Yacimiento de Trevijano, Yacimiento de Vadillos und Yacimiento de Torremuña.

Route zwischen Río Cidacos und Río Alhama

Verlauf: **Calahorra** – **Rincón de Soto** – **Alfaro** – **Corella** – **Cintruénigo** – **Fitero** – **Cervera del Río Alhama** – Abstecher **Inestrillas** und **Aguilar de Río Alhama** – **Cervera del Río Alhama** – **Rincón de Olivedo** – **Igea** – **Cornago** – **Los Cayos** – **Arnedo** – **Quel** – **Autol** – **Aldeanueva de Ebro** – Calahorra

Länge: ca. 170 km für die Rundtour inklusive einzelner Abstecher

Höhepunkte: Sakralbauten und Adelshäuser in Alfaro; Paläste in Corella (Navarra); Kloster in Fitero (**Navarra**); Thermalquellen von Fitero (Baños de Fitero; Navarra); Tal des Alhama-Flusses; Einsiedlerkapellen; Palast Marqués de Casa Torre in Igea; Zone der Dinosaurierspuren; Arnedo mit Kirchen und Burghügel; Felsmassiv und Burgturm von Quel; Felsabfälle von Autol und Steinformationen »El Picuezo y la Picueza«; Weinanbaugebiet um Aldeanueva de Ebro

Durch eine reiche landwirtschaftliche Zone führt die Fahrt ab Calahorra auf der Nationalstraße 232 Richtung Alfaro. Zum Ebro hin liegt das Örtchen Rincón de Soto. Charakteristisch in dieser Zone sind die altehrwürdigen Fincas. Auf einer von diesen am Rande von Rincón de Soto mühen sich Fernando und Lupe um deren Erhalt und um die Felder, auf denen Mais, Weizen und verschiedene Obstsorten angebaut werden.

Auf einer unserer Touren durch die Rioja besuchen wir die beiden. »Die Felder und die Wälle am Ebro hat mein Großvater angelegt«, erklärt Fernando und zieht mit der rechten Hand deutliche Linien. Er ist ein kerniger Typ, um die 50, Western-Look mit schmutzigen Jeans, rotem Halstuch und Hut. Ein echter Natur-Riojaner mit einem Geflecht aus Lachfalten im braun gegerbten Gesicht. Und außerdem ist er der Cousin meines Schwiegervaters Jesús – daher die Verbindung.

Auf der Finca wimmelt es von Katzen und Hunden, doch in der täglichen Arbeit wirkt dies alles andere als idyllisch. Das Leben ist hart auf dem Land. Und die EG-Bürokratie mit all den Diktaten und dem Netzwerk an Gesetzen aus Brüssel macht es nicht gerade einfacher. Um die Jahrhundertwende wurde die Finca noch von über 200 Arbeitskräften bewirtschaftet. Im Herrenhaus gab es eine eigene Kapelle, und die Teile des Dorfes strömten dorthin zum sonntäglichen Gottesdienst. Die Kapelle ist erhalten; alles wirkt angestaubt und – wenn man die schweren Laden und Gardinen öffnet – doch so, als könnten die stolzen Grundbesitzer von damals jeden Augenblick einschreiten in ihre Finca. Beim Bohneneintopf mit gekochten Schweinefüßen geraten Jesús und Fernando von längst vergangenen Zeiten ins Schwärmen. Es riecht nach offenem Feuer aus dem Kamin und nach frischem Kaffee, mit dem

Lupe, die rassige mexikanische Frau von Fernando, ins Eßzimmer schwebt. Auf dem Flur liegen Sättel, an den Wänden hängen Hufeisen. Und draußen bellen die Hunde.

Soweit ein Stück Landleben in der Rioja. Was mich immer wieder beeindruckt: all die Leichtigkeit in der Schwere des Lebens, das niemand als erdrückend empfindet. Sicher gehört ein Stück Fatalismus dazu. Was nicht heißt, daß man nicht über die spanische Politik und die jüngsten Preiserhöhungen herziehen würde. Und über den Anstieg der Arbeitslosigkeit. Doch in Spanien redet man lieber über die Freizeit und rankt nicht – wie in deutschen Landen – seine Gedanken um Arbeit, Konkurrenz und Geld. Irgendwie ist es doch immer gegangen, irgendwie geht es immer...

Alfaro besticht durch seine Sakralbauten. In dem von den Römern im zweiten vorchristlichen Jahrhundert gegründeten Städtchen ragen vor allem die beiden Türme der Kirche San Miguel in den riojanischen Himmel. Das im 16. Jahrhundert errichtete Gotteshaus ist der Blickfang in Alfaro an der Plaza de la Iglesia. Im Innern sind zahlreiche Skulpturen aus dem 17. Jahrhundert ebenso sehenswert wie die Kapelle San Ildefonso mit einem Retabel im Renaissancestil. Achten sollte man auch auf die Storchennester auf der Kirche.

Weitere bedeutende Sakralbauten sind die Kirche Santa María del Burgo und der Konvent San Francisco, beide aus dem 17. Jahrhundert. Die Santa-María-Kirche beherbergt ein interessantes gotisches Marienbildnis. Beachtung verdienen in der Stadt auch die zahlreichen Adelshäuser.

Aufgrund seiner Nähe zur benachbarten Region wird Alfaro gerne der »Schlüssel zu Navarra« genannt. Rasch gelangt man von hier aus nach Tudela und an die Wüstenlandschaft Bardenas Reales sowie auf die stark frequentierte Verkehrsachse über Olite und Tafalla nach Pamplona.

Von dem inmitten reicher Anbauzonen gelegenen Alfaro aus folgen wir der N-232 wenige Kilometer weiter Richtung Tudela (Navarra) und Zaragoza (Aragón). An einer Kreuzung nehmen wir rechter Hand die N-113 und kommen an Corella vorbei nach Cintruénigo.

Corella befindet sich bereits in Navarra und gilt – nach Tudela – als die zweitwichtigste Stadt der Südzone Ribera. Auffällig ist der große Reichtum an Profanbauten, die überwiegend aus dem 18. Jahrhundert datieren: Palacio de los Sesma (auch Casa de las Cadenas) mit einem eindrucksvollen barocken Wappen, Palacio Virto de Vera mit Galerie und Portal an der Plaza de los Fueros, Palacio San Juan in der Calle Mayor, Palacio de Sopranis in der Calle González Tablas, Palacio Alonso an der Plaza Baja und Palacio Gorráiz de Beaumont in der Calle Emilio Malumbres. Beachtung sollte man auch den sakralen Bauten schenken: Araceli-Konvent, San-Miguel-Kirche mit barockem Retabel, Encarnación-Kirche mit einer Sammlung an religiösen Kunstwerken sowie die Einsiedlerkapelle Nuestra Señora del Villar.

Ein Katzensprung ist es von Corella nach Cintruénigo; in beiden Orten befinden sich Unterkünfte für Touristen. Noble Herrenhäuser und Paläste, wie die Casa de los Ligués in der Calle Barón de la Torre, findet man in dem Örtchen ebenso wie die Pfarrkirche San Juan Bautista mit einem bekannten Retabel aus der Renaissance. Ein

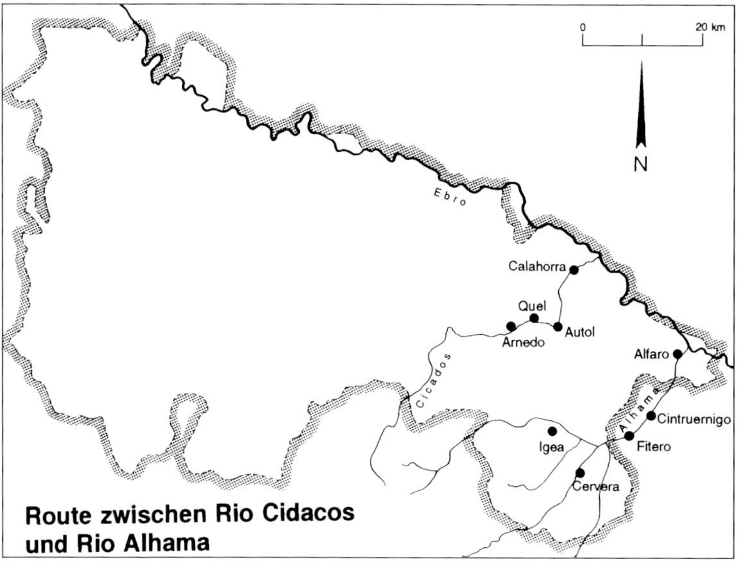

Route zwischen Rio Cidacos und Rio Alhama

weiteres wichtiges Bauwerk ist die Basílica de la Purísima aus dem 17. Jahrhundert.

Von Cintruénigo aus sollte man die Fahrt Richtung Fitero fortsetzen. Der Ort bietet dem Besucher ehrenwerte Herrenhäuser, doch vor allem das Kloster Santa María la Real. Es handelt sich um ein Zisterzienserkloster, das um 1140 von französischen Mönchen zunächst auf dem Yega-Berg gegründet und zwölf Jahre später unter San Raimundo von dort nach Fitero verlegt wurde. An der im 12. Jahrhundert begonnenen Klosterkirche beeindrucken das romanische Portal, der Kapitelsaal aus dem 13. Jahrhundert und der Kreuzgang (16. Jahrhundert). Die sehenswerten Retabel gehen auf Diego Sánchez, Antón de Zárraga, Rolán de Mois und Bernabé Imberto zurück. Fitero wartet noch mit einer ganz anderen Besucherattraktion auf. Es sind die in ganz Spanien bekannten Thermalbäder (Baños de Fitero) am Río Alhama, der dort von La Rioja nach Navarra fließt. An den Quellen stehen den Besuchern zwei große Hotels zur Verfügung, welche in der Regel zwischen Mitte Dezember und Mitte März geschlossen bleiben.

Schon der bekannte spätromantische Lyriker Gustavo Adolfo Bécquer (1836 – 1870) wußte die Qualität der Heilquellen zu schätzen und kam zwischen 1861 und seinem Todesjahr immer wieder zurück nach Fitero. Bécquers bekanntestes Werk heißt »Rimas«. Doch ihm erging es wie vielen Dichtern. Erst posthum erntete er mit dieser Gedichtsammlung verdiente Anerkennung in der spanischen Literaturgeschichte.

Von den Baños de Fitero aus folgen wir der Landstraße zurück in die Rioja und erreichen nach wenigen Kilometern Cervera del Río Alhama. Wie der Ortsname vermuten läßt, befindet man sich weiterhin am Río Alhama. Dieser Fluß entspringt nahe Suellacabras in der Provinz Soria und mündet bei Alfaro in den Ebro.

Cervera del Río Alhama gilt als Zentrum in dem weitgehend fruchtbaren Tal des Alhama. Der Ort ist zweigeteilt. Im Oberdorf erhebt sich die Kirche Santa Ana (16. Jahrhundert), die der gleichnamigen Schutzpatronin gewidmet ist. Auch das Unterdorf hat seinen offiziellen Beschützer: San Gil. An ihn erinnern die gleichnamige Pfarrkirche mit ihren gotischen Stilelementen und ein Torbogen.

Oberhalb von Cervera del Río Alhama erreicht man die Einsiedlerkapelle Virgen del Monte (16. Jahrhundert). Doch nicht nur wegen seiner kleinen Kirchen ist Cervera bekannt. Tradition hat auch die örtliche Fertigung von Hanfschuhen (Alpargatas).

Von Cervera del Río Alhama kann man dem Flußlauf aufwärts folgen. Zu sehen sind die Ausläufer der Sierra de Tormo. Nahe dem Ort Inestrillas befindet sich das archäologische Ausgrabungsfeld Contrebía Leucade (Yacimiento Arqueológico de Contrebía Leucade), in dem man auf Siedlungsreste aus vorchristlichen Zeiten stößt. Manche Archäologen gehen davon aus, daß sich hier bereits im 8. Jahrhundert vor der Zeitenwende ein keltiberisches Dorf befand.

Endpunkt des Abstechers ab Cervera ist Aguilar de Río Alhama, über dem sich einst eine wuchtige Burg erhob. Anschauen kann man sich die Asunción-Pfarrkirche (16. Jahrhundert) und die nahegelegene Einsiedlerkapelle Gutur. Diese wird alljährlich am ersten Samstag im Mai von Wallfahrern zu Ehren der Virgen de los Remedios aufgesucht.

Von Aguilar de Río Alhama geht es zurück nach Cervera del Río Alhama und ab dort über Rincón de Olivedo (Nebenstraßenabzweig von der Landstraße 123) nach Igea.

Igea ist in erster Linie bekannt wegen seines Palastes Marqués de Casa Torre. Jenes in der ersten Hälfte des 18. Jahrhunderts errichtete Bauwerk fasziniert durch seine mehrstöckigen Galerien. Allgemein findet man weitere Herrenhäuser aus dem 17. und 18. Jahrhundert im Ortsbild.

Auf der Straße zwischen Igea und Cornago kommt man am versteinerten Stamm eines Nadelgehölzes vorbei; dessen Alter wird auf 120 Millionen Jahre geschätzt.

Im Gebiet um Igea beginnt bereits die Zone mit den Spuren von Dinosauriern. Die Rioja gilt bekanntermaßen als die wichtigste Region mit Dinosaurierspuren in Europa (vgl. dazu die gesonderten Kapitel). Die bedeutendsten Fundstellen um Igea heißen La Cañada, Las Navas, La Torre und Santa Ana.

Cornago wird von der San-Pedro-Kirche und einer mittelalterlichen Burg überragt. Im Unterdorf liegen die Häuser mit ihren Dachziegeln in allen Braun- und Rostrotschattierungen verschachtelt.

Ab Cornago folgen wir der Hauptstraße Richtung Villarroya und gelangen wenige Kilometer hinter dem Ort auf eine Bergkuppe. Dort ist der Abzweig zu einer weiteren Fundstätte mit Dinosaurierfußspuren ausgeschildert. Los Cayos heißt das Areal, das zu den spektakulärsten in der Rioja zählt. Bis zu diesen tiefen Abdrücken bringt man von der Hauptstraße aus etwa 2,5 Kilometer Stein- und Staubpiste hinter sich

Amedo

(vgl. dazu auch das gesonderte Kapitel zur Dinosaurier-Tour).

Aus der staubigen, gebirgigen Szenerie um Los Cayos geht es hinaus und etwa sieben Kilometer weiter bis zur Straße C-123. An der Kreuzung fährt man rechter Hand nach Grávalos (Dinosaurierspuren im Fundgebiet Valdevajes; vgl. dazu gesonderte Exkursion) und links nach Arnedo mit der Möglichkeit zu einem Abstecher nach Muro de Aguas (Dinosaurierfundstellen Chorrón del Saltadero und Santa Lucía; vgl. auch hier die gesonderte Tour).

Arnedo, das Städtchen am Río Cidacos, ist ein wichtiger Schnittpunkt bei unserem Ausflug. Nordwärts führt die C-123 Richtung El Villar de Arnedo und Río Ebro, westlich die C-115 hinauf ins Tal des Cidacos-Flusses nach Arnedillo und Enciso (hochinteressante Dinosaurierspuren; siehe Sonderexkursion) und östlich auf der C-115 in Richtung Quel, Autol und Aldeanueva de Ebro (unsere Tour).

Über Arnedo thronen die Reste einer mittelalterlichen Burg auf dem Stadthügel. Die Festung ist wegen ihrer Baufälligkeit nicht mehr zu betreten, doch von dort oben bieten sich lohnenswerte Blicke auf ein Meer aus Häusern und Ziegeldächern, auf die markanten Kirchen und das nahe Kalksteinmassiv Cabimonteros. Dieses ragt annähernd 1 400 Meter über NN auf und trennt das Tal des Cidacos vom benachbarten Tal des Río Jubera.

Unübersehbar sind auch die Höhlen dort oben auf dem Burghügel. Bis vor wenigen Jahren waren manche noch bewohnt, doch mittlerweile hat man die meisten Zugänge mit Brettern vernagelt. Temporär werden die Grotten allerdings heute noch als Speicheranlagen genutzt.

Arnedo hat Stil und bietet lauschige Fleckchen sowie immens enge Gassen. Herrschaftliche Häuser aus dem 18. Jahrhundert verteilen sich über das Stadtgebiet. Die Kirchen Santo Tomás (16. Jahrhundert), San Cosme y San Damián (16. Jahrhundert; bemerkenswertes Altarbild aus Alabaster und Holz) und die am höchsten gelegene Santa Eulalia (ebenfalls 16. Jahrhundert) sind jedem Stadtteil zugeordnet. Rund um Arnedo fallen zum einen die Bodegas und zum anderen die Gebirgswelten mit ihren vielfachen Brüchen auf.

Wir verlassen Arnedo mit seinem weithin sichtbaren markanten Felsplateau und steuern auf der C-115 Quel an. Man sieht büschelbestandene Hügel, Strauchwerk und Gestein in den verschiedensten Farben.

Hoch über dem nackten Felsmassiv von Quel thront ein klobiger mittelalterlicher Burgturm mit zwei Seitentürmchen. Steht man in dem engen Ort, verrenkt man sich mit Blick nach oben fast den Hals: viele Häuser sind direkt an die Gesteinswände gebaut und mit der Rückfront teilweise mit ihnen verbunden. Auf kulinarischem Sektor ist Quel wegen seiner Liköre und seines Dörrobstes bekannt. Quel und der Nachbarort Autol liegen eingezwängt zwischen der kleinen fruchtbaren Ebene am Río Cidacos und den bis zu 60 Meter hohen Felsabfällen, die unter dem Namen Cortados de Quel-Autol zusammengefaßt werden. Felsnischen sind bevorzugte Nistplätze von Geiern.

Naturkräfte mit Erosionen haben eigenwillige Gebilde geformt. Als Wahrzeichen von Autol gelten die beiden »Steinfiguren«, die man »El Picuezo y la Picueza« nennt. Fürwahr, man kann schnell menschliche Formen in die hoch aufragenden Blöcke hineininterpretieren. Die Legende berichtet von Mann und Frau, die sich in Stein verwandelten, nachdem sie fälschlich des Diebstahls angeklagt waren.

Hoch über den verschiedenfarbigen Häusern und den ziegelgedeckten Dächern von Autol liegt der imposante Turm der San-Adrián-Kirche (16. Jahrhundert). auf der Gegenseite des Río Cidacos erreicht man die barocke Einsiedlerkapelle Nuestra Señora de Nieva.

Viele der Bewohner von Autol sind in der Landwirtschaft sowie in der Konservenindustrie vor Ort beschäftigt.

Wir verlassen Autol und damit auch die kleine Gebirgswelt, eine typische Zwischenzone zwischen den Ausläufern der Pyrenäen und der kastilischen Hochebene. In Richtung des Ortes Aldeanueva de Ebro gestaltet sich die Szenerie flacher. Felder prägen das plane Land, aus dem der spitze Kirchturm von Aldeanueva ragt. Überraschend tauchen am Rande der Hauptstraße sogar Palmen auf sowie die Einsiedelei Virgen de los Remedios. Für Arbeitsplätze in Aldeanueva sorgen ein kleines Industriegebiet mit Konservenfabrik sowie die größte Kooperative von Weinbauern in jener Gegend. Auch in der großen Bodega von Aldeanueva de Ebro kann man günstig und gut den vorzüglichen riojanischen Rebensaft einkaufen.

Bei Aldeanueva kehren wir auf die Nationalstraße 232 zurück. Dort können wir den Weg links einschlagen nach Calahorra, dem Ausgangspunkt dieser Tour.

Die Höhle der Maurin am Río Alhama – eine Legende

Auf dem höchsten Punkt eines schroffen Felsplateaus über dem Río Alhama stand einst eine stolze maurische Feste und stemmte sich mit der Kraft ihrer scheinbar uneinnehmbaren Mauern den vier Winden entgegen.

Es begab sich zu jenen Zeiten, da die christlichen Reconquistadoren gegen die Mauren zu Felde zogen. Eines Tages drangen die christlichen Streiter, angeführt von Isidoro, vom Norden her an den Río Alhama in der Rioja vor. Bei den erbitterten Kämpfen an den Gestaden des Stroms soll sich das Wasser des Flusses mit dem Blut der Gegner rot gefärbt haben.

Isidoro war ein nobler und stolzer Caballero, der schon viele Schlachten bestritten und viele Feinde getötet hatte. In Isodoros markigem Gesicht stand sein Leben geschrieben. Wegen seinem dunklen Teint, seinen tiefbraunen Augen unter den zusammengewachsenen Brauen und seinem pechschwarzen Haar hielten ihn viele fast selbst für einen Mauren.

An einem grausamen Tag der Schlacht geriet Isidoro mit den Seinen in einen Hinterhalt der Feinde. Die Situation war hoffnungslos. Er mußte sich, selbst schwer verletzt, mit seinen letzten Männern ergeben.

Die Muselmanen brachten den Bewußtlosen hinauf in die Festung über dem Río Alhama und warfen ihn in einen dunklen, einsamen Kerker. Sie legten ihm Ketten an und warteten auf die Stunde seines Todes. Einzig Wasser und Brot brachten sie ihm.

Doch wie durch ein Wunder gelangte Isidoro wieder zu Kräften, und die Wunden verheilten. Dann nahm die Gefangenschaft eine noch überraschende

Wende. Die Mauren ließen sich auf einen Handel mit der Sippe Isidoros ein und tauschten den Heerführer gegen den reichen Familienschatz ein.

Isidoro war wieder frei und kehrte zu seiner Sippschaft und seinem Gefolge zurück. Das glückliche Wiedersehen bot Anlaß zu einem rauschenden Fest, bei dem er ganz im Mittelpunkt stand. Und doch lagen über Isidoros Gesicht dunkle Schatten von tiefer Traurigkeit. In dem Caballero loderte seit seiner Gefangenschaft auf der Burg der Mauren ein inneres Feuer, eine glühende Leidenschaft. Nicht vergessen konnte er den kurzen Anblick der märchenhaft schönen Tochter des Burgherrn, die er an einem einzigen Tag zu Gesicht bekommen hatte. Noch jetzt fühlte er sich wie betäubt, wenn er an das anmutige Wesen dachte. Und an ihre Augen, die unter den feinen Brauen wie die kostbarsten Gagate glänzten.

»Ich will nicht mehr ohne sie sein«, sagte sich Isidoro. Doch im selben Augenblick verwarf er diese Gedanken: »Nein, es ist unmöglich. Sie ist die Tochter meines Feindes.«

Nach zahllosen durchwachten Nächten unter dem gleißenden Weiß des Mondes über der Rioja entschied Isidoro, die Burg der Mauren zu stürmen, um das zauberhafte Wesen an sich zu reißen. Seinem Gefolge rief der Kriegsherr zu, er wolle die Muselmanen niederkämpfen und sich für die schlechte Behandlung während der Gefangenschaft rächen. Begeistert stimmten seine Getreuen den Plänen zu. Sie bereiteten den Angriff vor.

Es war in einer stürmischen Nacht, als das von Isidoro geführte Heer das Kastell der überraschten Moslems attackierte. Mann gegen Mann kämpften sich die Reconquistadoren voran, bis die Festung bei Anbruch des Tages fiel.

Wie groß war plötzlich für alle die Überraschung, als Isidoro seine Angebetete aus einem steinernen Burgtor kommen sah, darüber sämtliche Vorsicht vergaß und sich ihr näherte. Im Angesichte aller erwiderte die exotische Schönheit seine Liebe. Da wurde den christlichen Kriegern klar, weshalb Isidoro die Feste hatte stürmen lassen.

Die Mauren nutzten die Wirren aus. Trickreich entkamen viele ihren Feinden. Auch dem Burgherrn gelang es, sich zu retten. Zurück blieben nur die Burgherrentochter und ein kleines Gefolge. Da es heller Tag war, entschlossen sich die Mauren zur Flucht.

Aber sie waren wild entschlossen, das Kastell zurückzuerobern, und so sammelten sich unter der Führung des Burgherrn neue Trupps. Nicht weit vom Río Alhama errichteten die Mauren ihr Lager. Der Burgherr ordnete an, die Christen auszuhungern, und koste es das Leben seiner Tochter und der Verbliebenen.

So strichen die Tage und die Wochen ins Land. Längst hatten Isidoros Mannen alle Vorräte aufgebraucht. Sie wurden immer schwächer. Darauf setzten ihre Feinde und starteten eines Nachts ihre Attacke. Viele Christen fanden den Tod.

Isidoro, der den Zugang zur Zitadelle bewachte, wurde schwer an der Schulter verletzt. Plötzlich war die junge Maurin bei ihm. Ohne fremde Hilfe vermochte Isidoro nicht mehr, sich aufzurichten. Die Maurin war von Sorge erfüllt. Unbemerkt schleppte sie ihn, so gut sie konnte, durch die Dunkelheit zu einer verborgenen Ecke des Burgplatzes. Mit geradezu übermenschlicher Kraft stemmte sie eine Steinplatte beiseite und zog den

Geliebten in einen unterirdischen Gang, von dem einzig sie wußte.

Von dem versteckten Gang aus ging eine steile Steintreppe ab. Sorgsam und tapfer stützte die Maurin mit ihrer grazilen Gestalt den schweren Körper des Bewußtlosen. Schritt für Schritt schob sie ihn in der Finsternis die unebenen Stufen hinab.

Es war ein langer Weg immer weiter abwärts. Bald drang das Rauschen des Río Alhama an ihr Ohr. Die Stufen endeten in einer kleinen, versteckten Höhle. Durch das dichte Strauchwerk am Ausgang drangen vom Fluß her spärliche Lichtstrahlen des Vollmondes. Sie hatten es geschafft.

Isidoro stöhnte unter seinen Schmerzen, als das zarte Wesen ihn auf dem harten, kalten Grund absetzte. Die Schöne war erschöpft, aber glücklich mit dem fremden Krieger an ihrer Seite. Behutsam strich sie ihm über sie Stirn. Sie merkte, daß Blut aus seiner Schulter tropfte. Auch wenn ihre Laute für Isidoro befremdlich klangen, so begriff er, daß er sich flach hinlegen und ausruhen sollte.

Die maurische Schönheit erhob sich, um am Ufer des Río Alhama Pflanzen und Wasser zu holen. Damit wollte sie seine Wunden pflegen und seinen Durst stillen. Das Mädchen, gekleidet in ein leuchtend weißes Kleid aus edlem Stoff, nahm den Helm ihres Geliebten.

Durch die Sträucher bahnte sich die Schöne den Weg zum Fluß. Hell stand der Vollmond über der Schlucht, und ein Glitzern lag auf dem stillen Strom. Das Mädchen pflückte rasch ein paar Kräuter. Dann kniete sie am Ufer des Río Alhama nieder und füllte den Helm mit Wasser. In dem Moment erblickte ein maurischer Krieger, der hoch oben auf der Feste stand, einen weißen Punkt unten am Fluß. Er war einer der besten Schützen seines Herren. Ohne zu zögern legte er an, zielte und schoß einen zischenden Pfeil ab.

Das Geschoß traf die treue Maurin hinterrücks zwischen die Schultern. Mit dem Helm in der Hand versuchte sie aufzustehen, doch es gelang ihr nicht. In kurzatmigen Zügen kroch sie über Boden und Gestrüpp zurück zur Höhle, preßte den Helm gegen die Brust. Ihr Liebster brauchte dringend Pflanzen und Wasser. Das gab ihr genügend Kraft, sich weiter vorwärts zu ziehen.

Isidoro vernahm ein schweres Seufzen. Er richtete seinen schwachen Oberkörper auf, blinzelte und sah ganz schwach die Konturen seiner Geliebten, die ihm entgegenkroch. Sogleich begriff er die Situation. Sein Herz wollte zerspringen vor Schmerz. Zu Gott wollte er beten und brachte doch keinen Laut hervor. Die tapfere Maurin erreichte den Christen, der Helm glitt ihr aus den Händen, und das Wasser schwappte über den Grund. Es gelang ihr noch, Isidoro zärtlich zu umfassen, dann verließ das schöne Wesen diese Welt. Auch in Isidoro verlosch die Lebenskraft. Liebevoll schlang er seine Arme um die Maurin und starb.

Nach einer grausamen Schlacht droben am Schloß trugen die Muselmanen den Sieg davon. Sie suchten die Burgherrentochter und den Leichnam des Isidoro. Ein junger Krieger war der erste, der auf dem Burgplatz eine Blutspur fand. Der Burgherr kam, und die Mauren stiegen im Licht der Fackeln die Treppe des Geheimganges hinab. Als die Männer die Grotte betraten, war ihr Schrecken groß. Im zuckenden Schein ihrer Leuchten starrten sie auf die leblosen Körper der tapferen Maurin und des edlen Caballeros.

Seit dieser Zeit tritt in stillen Nächten ein zauberhaftes Wesen, ganz in Weiß gehüllt, aus einer Höhle am Río Alhama. Sie geht an den Fluß, sagt man, schöpft Wasser in den Helm eines Kriegers und kehrt in die Grotte zurück.

Burg von Marcilla

Exkurse in die angrenzenden Provinzen

Exkurs Peralta und Marcilla (Navarra)

Rincón de Soto, der riojanisch-navarresische Grenzort am Río Ebro, bildet den Ausgangspunkt zu einer kleinen Tour hinein nach Navarra (über die NA-115 und die NA-128).

Peralta liegt unterhalb von einem schroffen Felsmassiv am Río **Arga**, dem späteren »Hausfluß« Pamplonas. Bereits im 10. Jahrhundert war der Ort eine wichtige Außenbastion der navarresischen Monarchie; auf dem Steinplateau entdeckt man noch Reste der mittelalterlichen Festung. Im Zentrum ragt der Turm der neoklassizistischen Kirche San Juan Evangelista (19. Jahrhundert) hoch auf. Im Innern des Bauwerks von Miguel Angel Chaverri stößt man auf einige interessante Retabel, die einst in der alten Pfarrkirche aufbewahrt wurden.

Den Reiz von Peralta macht das Zusammenspiel der Farben und Konturen zwischen den bräunlichen Gesteinsabfällen und dem Blau des Río Arga aus – ein lohnenswertes Fotomotiv von der Brücke aus. Und über die werden gelegentlich auch einzelne Schafherden getrieben. Der Berufsstand des Hirten ist gerade in jener Region Spaniens noch längst nicht ausgestorben.

Über den Arga fährt man Richtung Marcilla durch eine blühende Felderlandschaft. Bei einer Hochwasserkatastrophe Ende 1993 wurden viele dieser fruchtbaren Gebiete überflutet.

Marcilla macht auf den ersten Blick einen unscheinbaren Eindruck. Doch dieser Anschein täuscht. Man mag es kaum für möglich halten, daß sich mitten im planen Ortszentrum ein wuchtiges Kastell erhebt. Es ist eine riesige Insel aus schweren Steinen und mächtigen Türmen in der Altstadt. Aufgrund ihrer Baufälligkeit ist die Anlage für den Besucherverkehr leider gesperrt. Die Burg datiert aus der Mitte des 15. Jahrhunderts, als sie der Adlige Pierres de Peralta errichten und mit einer großen Waffenkammer ausstatten ließ. Nachdem das eigenständige Königreich Navarra im Jahre 1512 gewaltsam Kastilien eingegliedert wurde, ließen die neuen Herrscher zahlreiche navarresische Festen zerstören. Der Marquise Ana Velasco und ihrer mutigen Beharrlichkeit war es zu verdanken, daß nicht auch die Burg von Marcilla dem Erdboden gleichgemacht wurde.

Am Rande von Marcilla kommt das Kloster Santa María in Sicht. Doña Sancha, Gattin des Herrschers Sancho el Sabio, rief den Bau für die Zisterzienserinnen im Jahr 1160 ins Leben. Von dem ursprünglichen Werk steht heute nichts mehr. Im 18. Jahrhundert wurde in barock-klassizistischem Stil eine neue Klosteranlage geschaffen.

Von Marcilla aus kehrt man auf demselben Weg zurück ins riojanische Rincón de Soto. Wer Lust und Laune hat, kann die Exkursion nach Olite und Tafalla ausdehnen (vgl. gesonderte Exkursion).

Exkurs Olite und Tafalla (Navarra)

Die trutzige Burg von Olite und das mittelalterliche Städtchen Tafalla sind in jener Region Spaniens immer einen Abstecher wert. Auf leichtem Weg erreicht man diese Ausflugsziele in der benachbarten Autonomen Gemeinschaft Navarra ab Rincón de Soto (über die NA-115, die NA-128 und die Nationalstraße 121) oder ab Alfaro (über die Nationalstraßen 232, 113 und 121). Tafalla und Olite liegen auf dem Weg Richtung Pamplona und sind sowohl von Alfaro als auch von Rincón de Soto etwa 50 Kilometer entfernt.

In Olite ragt die trutzige Burg aus den weitläufigen Getreidefeldern. Die schloßähnliche Anlage entstand zwischen dem 13. und 15. Jahrhundert. Im Spätmittelalter war sie bevorzugte Residenz des navarresischen Herrschers Carlos III. el Noble. Im ältesten Teil des Bauwerks mit seinem Wehr- und Palastcharakter ist heute ein nobler Parador Nacional untergebracht. In jedem Sommer ist die altehrwürdige Stätte Schauplatz von internationalen Veranstaltungen der Festspiele von Navarra. Bei einem Rundgang durch die weitgehend restaurierte Anlage faszinieren all die lauschigen Winkel, die grazilen Galerien, die stillen Patios und die mächtigen Zinnen. Von einzelnen Plattformen und Türmen aus blickt man auf das kleine Häusermeer von Olite.

Ebenso attraktiv wie die Burg ist die benachbarte Kirche Santa María de Real. Sie gilt als ein Meisterwerk der Gotik mit einem reichverzierten Portal aus dem 13. Jahrhundert.

Beachtung verdienen in Olite auch das Kloster San Francisco (Torbogen aus dem 15. Jahrhundert), das Klarissenkloster (17. Jahrhundert) und die San-Pedro-Kirche (spätgotischer Turm). Beim Bummel durch die Gassen sollte man auf kleine Herrenhäuser mit Balkons, Wappen und Schnitzarbeiten achten.

Wenige Kilometer weiter nördlich von Olite ist Richtung Pamplona das mittelalterliche Städtchen Tafalla erreicht. Im Altstadtkern dominieren die Pfarrkirche Santa María (17. Jahrhundert), der Konvent Concepcionistas Recoletas (17. Jahrhundert), das Cordón-Herrenhaus, der Palast der Grafen von Guenduláin und das im 19. Jahrhundert errichtete Rathaus.

In der näheren Umgebung von Tafalla und Olite lohnt es sich, folgende Besuchsziele anzusteuern: Laguna de Pitillas (See), Artajona (mittelalterliche Festungsanlage und Wehrkirche), San Martín de Unx (Bodegas, wappenverzierte Bürgerhäuser und Sakralbauten) und Ujué (malerischer Ort auf 800 Metern Höhe rund um eine mittelalterliche Wehrkirche).

Unterkünfte bei dieser Tour findet man in der Regel problemlos in Tafalla (Hostal, Pension) und Olite (Parador Nacional, Hotels). Die Exkursion läßt sich gut mit einem Abstecher nach Pamplona kombinieren.

An dieser Stelle möchte ich auf ausführlichere Beschreibungen in meinen beiden Büchern »Baskenland – Navarra« (edition aragon, 1993) und »Pamplona – Stadt der Sanfermines« (edition aragon, 1994) verweisen.

Exkurs Tudela und Wüstenlandschaft Bardenas Reales (Navarra)

Ziel eines lohnenswerten Abstechers über die riojanisch-navarresische Grenze hinweg ist zunächst das Städtchen Tudela, das von Alfaro aus nur knapp 20 Kilometer entfernt liegt (Nationalstraße 232). Navarras zweitgrößte Stadt (30 000 Einwohner) liegt am Ebro in der fruchtbaren Großlandschaft Ribera. Getreide-, Obst- und Gemüseanbau dominieren.

Wahrzeichen Tudelas sind die 360 Meter lange gotische Brücke über den breiten Strom und die Kathedrale Santa María inmitten eines malerischen Altstadtviertels. Beachtenswert sind an und in der bereits im 12. Jahrhundert begonnenen Kathedrale das Juicio-Portal, der Turm (beendet im 18. Jahrhundert), der Hauptaltaraufsatz, das Chorgestühl und der Kreuzgang. In diesem Kreuzgang sieht man unter den dekorativen Elementen Reste muselmanischer Architektur. Dies ist kein Zufall, denn der Bau der christlichen Anlage wurde seinerzeit über den Resten der Großen Moschee begonnen. Zwischen dem 9. und 12. Jahrhundert war die Stadt am Ebro eine weithin bekannte Niederlassung der Mauren.

An weiteren Sakralbauten stechen in Tudela die Kirchen Santa María Magdalena und San Nicolás de Bari hervor. Paläste und Herrenhäuser fügen sich ins urbane Bild, vor allem der Palacio del Déan, der Palacio del Marqués de San Adrián, der Palacio del Marqués de Huarte und die Casa de Almirante.

Fährt man von Tudela aus auf den Nationalstraßen 134 und 121 Richtung Pamplona, eröffnet sich bereits nach wenigen Kilometern rechter Hand Navarras »Far West«. Es sind die Bardenas Reales, eine faszinierende Wüstenlandschaft mit ungewöhnlichen Felsformationen, Schluchten, staubigen Weiten, Seen und einsamen Kapellen.

Schon von der Nationalstraße aus mag man den Reiz dieser mysteriösen und magischen Wüstenwelt erahnen. Mit einem – möglichst allradangetriebenen – Fahrzeug kann man in die Bardenas Reales nahe Arguedas und Valtierra (ab der NA-134; Fahrt an die Einsiedlerkapelle Nuestra Señora de Yugo möglich) sowie bei Buñuel und Carcastillo einfahren. Doch Vorsicht: Es gibt ein schier unübersichtliches Netz an Pisten und Pfaden. Ortschaften existieren in der rund 42 000 Hektar großen Zone nicht. Und bei Regen verwandeln sich die staubigen Verkehrsadern in halsbrecherische Schlammpisten. Wer Fuß-, Rad- oder Autotouren hinein in die Bardenas plant, sollte sich vorher Kartenmaterial besorgen (Karte beispielsweise im Buch »Bardenas Reales, herausgegeben vom Gobierno de Navarra).

Im Zentrum der Bardenas Reales liegt der kleine **Zapata-See**, seit vielen Jahrhunderten immer wieder angepeilt von Hirten mit ihren Schafherden. Traditionell werden vor Einbruch des Winters die Schafe aus den hohen Pyrenäentälern abgetrieben in die gemäßigteren und wärmeren Zonen.

Inmitten der Wüstenlandschaft existieren die drei Naturschutzgebiete Caídas de la Negra (nordöstlich von Buñuel), Rincón del Bu (nordöstlich von Tudela) und Vedado de Eguaras (nordöstlich von Valtierra). In der Fauna kommen zahlreiche Vogelarten sowie Füchse, Eidechsen und Schlangen vor.

Besondere Faszination üben die vielfältigen Steingebilde aus, stumme Zeugen der fortschreitenden Erosion. Auf das späte Mittelalter und die frühe Neuzeit gehen Kapellen und Wehrbauten zurück. Von den Burgen bekommt der Besucher jedoch nur steinerne Reste zu Gesicht, wie zum Beispiel vom Castillo de Peñaflor (Vedado de Eguaras). Am Rande der Bardenas stehen die drei Einsiedlerkapellen Santa Margarita, Sancho Abarca und – als bekannteste unter ihnen – die erwähnte

Nuestra Señora de Yugo. Als besondere Naturschönheiten gelten der Hügel Castildierra (auch »El Hermanito«), die Schlucht Barranco Grande und die Pisquerra-Erhebung.

Zwischen Geschichte und Legende pendelt das Leben des berühmtesten Banditen aus den Bardenas Reales. Sancho Rota »Sanchocorrota« lebte im 15. Jahrhundert und sah sich als unumschränkten Herrscher dieser Zone, was König Juan II. und dessen Heer gegen ihn aufbrachte. Sancho Rota wurde mit den Seinen in die Enge getrieben. Doch er war zu stolz, um sich zu ergeben und wählte den Freitod mit einer Stichwaffe. Der Leichnam des vielfachen Gesetzesbrechers wurde nach Tudela geschafft und dort getreu dem Prinzip »Man kann nie wissen« an den Galgen gehängt.

Wer mit einem normalen Fahrzeug unterwegs ist und kein Risiko eingehen will, bekommt durchaus lohnenswerte Eindrücke von den Bardenas, wenn er die Landstraße zwischen Tudela und Caparroso befährt. Den südlichen Teil der Wüstenlandschaft bekommt man von der NA-125 aus zu Gesicht, die nördlich von Tudela in Richtung der aragonesischen Stadt Ejea de los Caballeros führt.

Wer bei dieser Tour Unterkünfte sucht, ist in den Hotels und Hostals in Tudela gut aufgehoben.

An dieser Stelle möchte ich auf Beschreibungen dieser und weiterer Ziele in meinen beiden Büchern »Baskenland – Navarra« (edition aragon, 1993) und »Pamplona – Stadt der Sanfermines« (edition aragon, 1994) verweisen.

Exkurs Pamplona (Navarra)

Jakobswegpilger, Bewunderer von Kunst und Kirchen, Hemingway-Verehrer und Freunde der Fiestas – sie alle zieht es in die navarresische Hauptstadt Pamplona. Die Sanfermines, das größte spanische Volksfest unter freiem Himmel mit täglichem Stierauftrieb durch die Gassen der Altstadt, haben Pamplona weltberühmt gemacht. Ernest Hemingway hat den ausgelassenen Feiern mit seinem Roman»Fiesta« (1926) ein literarisches Denkmal gesetzt. Zwischen dem 6. und 14. Juli eines jeden Jahres regiert der Wahnsinn in der Stadt am Río Arga. Niemand kommt zur Ruhe, überall Tanz, Musik und Trubel, 204 Stunden lang, ohne Pause.

Ansonsten präsentiert sich die 200 000-Einwohner-Stadt inmitten des Pyrenäengürtels beschaulich und voller Atmosphäre. Im Herzstück Pamplonas pulsiert das Leben rund um die großzügig angelegte Plaza del Castillo mit all ihren Cafés, Geschäftsarkaden und Bänkchen. Die Plaza wird umflankt von altehrwürdigen Häusern und einer Seitenfront des Palacio de Navarra, in dem die Regionalregierung von Navarra tagt.

Von der Plaza del Castillo fällt auch der Blick auf das 1903 errichtete Denkmal der Sonderrechte und die Flanierpromenade, den Paseo de Sarasate. An diesem liegen das Gebäude der Hauptpost und die mittelalterliche Wehrkirche San Nicolás. Hinter diesem Gotteshaus schließen sich die malerischen Gassen San Nicolás und San Gregorio an. Es ist die Zone der preiswerteren Hostals, der Restaurants und vor allem der Bars. An den Wochenenden schwärmt dort die Jugend aus, und beim Zug durch die Kneipen wird alles durchprobiert, vom einfachen Rotwein (Tinto) über den Süßwein (Moscatel) bis zum Schlehenlikör (Pacharán). Man sollte sich auch über Tag einfach durch die Altstadtgassen der über 2 000jährigen Stadt treiben lassen. Winzige Geschäfte, wie in der Calle Mayor und im Bereich um die Plaza de San Francisco, sorgen für ein besonderes Ambiente. Schuhe und Kleidung gibt es in der Regel in guter Qualität und zu recht günstigen Preisen.

Am höchsten Punkt der Altstadt steht die Kathedrale. es ist ein herrlicher gotischer Bau nach französischen Vorbildern. Die Fassade wurde aufgrund der Baufälligkeit der ursprünglichen Frontseite Ende des 18. Jahrhunderts in klassizistischem Stil neugestaltet; dies gilt auch für die beiden etwa 50 Meter hohen Türme.

Im Innern des mächtigen Monuments gibt es viel zu sehen: das von einem kunstvollen Renaissancegitter umgebene Alabastergrabmal des navarresischen Königs Carlos III. el Noble und seiner Gemahlin Leonor de Trástamara, die Altargemälde der Kapelle Santa Cristina und das romanische Bildnis der Jungfrau über dem Hauptaltar, vor welcher im Mittelalter die Könige von Navarra gekrönt wurden.

Ein Meisterwerk gotischer Baukunst ist der Kreuzgang an der Kathedrale, von dem der französische Schriftsteller Victor Hugo in höchsten Tönen schwärmte. Der Kreuzgang wurde zwischen 1277 und 1472 errichtet; die Galerien sind von einem einfachen Kreuzgewölbe überdeckt.

An die Kathedrale schließt sich das Diözesan-Museum an der Calle Dormitalería an. Man sieht dort Goldschmiedearbeiten, Skulpturen und Schmuckstücke aus verschiedenen Jahrhunderte. Zu beachten ist, daß Kreuzgang und Diözesan-Museum in der Regel zwischen Mitte Oktober und Mitte Mai geschlossen bleiben.

Wer aus dem Hauptportal der Kathedrale tritt, sollte es nicht versäumen, rechter Hand über den kleinen Platz und durch die Redín-Gasse zum Stadtmauerring zu gehen. Von den kleinen Aussichtsplattformen aus schweift der Blick über die Vororte, den Río Arga, die Felderlandschaft und die Pyrenäen.

Geht man von den Bollwerken aus zurück Richtung Innenstadt, sollte das Rathaus an der Plaza Consistorial das nächste Ziel sein. Das Rathaus (Ayuntamiento) besticht durch seine barocke Fassade, die man in aller Ruhe betrachten kann. Denn diese Zone der City ist für den privaten Fahrzeugverkehr gesperrt.

Ab der Plaza Consistorial ist es nur ein Katzensprung hinüber zur romanisch-gotischen Kirche San Saturnino. Sehenswert sind die beiden Türme mit ihrem einstigen Wehr-Charakter, das Hauptportal und ein vor der Kirche eingelassene Gedenkplatte. An dieser Stelle soll sich der Brunnen befunden haben, mit dessen Wasser der heilige Saturnino, Bischof von Toulouse, die ersten Gläubigen im 1. Jahrhundert taufte. Unter diesen war auch der Sohn des Firmo, Fermín, der später nach Gallien reiste, um seinen Glauben zu vertiefen, zum Bischof aufstieg und als Märtyrer in Amiens (heute Nordfrankreich) starb. Der Name der rauschenden Fiesta, Sanfermines, geht auf jenen Fermín zurück.

Von der San-Saturnino-Kirche aus kann man die Calle Mayor entlanggehen und sollte dort – wie überall in der reizvollen Altstadt – auf die schmiedeeisernen Balkone und die mit Blumen bestandenen Gitter achten. Die Calle Mayor kommt an der Plaza Recoletas und an der klobigen Kirche San Lorenzo aus, in der die berühmte San-Fermín-Kapelle untergebracht ist. Dort wird ein Bildnis des Heiligen verehrt.

An das Gotteshaus grenzt auf der gegenüberliegenden Straßenseite der Taconera-Park mit seinen alten Stadtmauern aus dem 16. Jahrhundert. Es ist ein lauschiges, grünes Areal. Im Burggraben werden Rehe und Hirsche gehalten. Man kann zum Denkmal für den Tenor Julián Gayarre (1844 – 1890) schlendern oder im gemütlichen »Café Vienés« köstliche Kaffeekombinationen kosten.

Wer einmal auf Stadtmauern und Grün fixiert ist, sollte hinüber zur weitläufigen Zitadelle mit ihrem Park (Parque de la Ciudadela) schlendern. Diese militärische Bastion geht auf das 16. Jahrhundert zurück. Das Innere der Zitadelle mit ihren Brückchen, Türmen und Zinnen ist sowohl von der Avenida del Ejército als auch vom Parque Vuelta de Castillo aus zu erreichen.

Pamplona hat noch weit mehr zu bieten. Auf die Spuren von Ernest Hemingway kann man sich von der Plaza del Castillo aus Richtung Stierkampfarena (Plaza de Toros) begeben; dort ist dem Dichter ein Denkmal gewidmet.

Pamplonas bedeutendstes Museum ist das Museum von Navarra oberhalb der Cuesta de Santo Domingo, in der bei den Sanfermines die Stiere ihren Trab durch die Altstadtgassen beginnen. Das Museum verbirgt sich hinter einem plateresken Portal, das von dem im 16. Jahrhundert erbauten Krankenhausbau Nuestra Señora de la Misericordia zeugt. Prunkstücke im Museum sind ein maurisches Schmuckkästchen aus Elfenbein und ein Goya-Portrait, das den Herzog von San Adrián zeigt. Ansonsten wird in angenehmer Atmosphäre die regionale Geschichte und Kunstgeschichte nachgezeichnet: von römischen Mosaiken bis zu modernen Ölbildern.

Besuche wert sind in Pamplona fernerhin die alte Rechnungskammer (Cámera de Comptos) in der Calle Ansoleaga, die Kirche Santo Domingo an der Cuesta de Santo Domingo sowie zahlreiche Paläste und Herrenhäuser in den Straßen Mayor und Zapatería.

Ein wenig außerhalb der Innenstadt gelangt man an das Gefallenen-Monument (Avenida Carlos III. el Noble) und zum Media-Luna-Park hoch über den Ufern des Río Arga. Von der Parkpromenade aus bieten sich lohnenswerte Blicke auf die neueren Stadtteile, die Pyrenäengipfel und die Kathedrale. Ein Denkmal erinnert an den berühmten Violinisten Pablo Sarasate (1844-1908).

Das lebhafte Gesicht Pamplonas wird von einer Vielzahl von Studenten geprägt, die an zwei Universitäten eingeschrieben sind: der öffentlichen im Süden der Stadt am Río Sadar und der wesentlich größeren privaten. Die letztgenannte wird vom Opus Dei geführt; Ausländer können dort an mehrmonatigen spanischen Sprach- und Kulturkursen teilnehmen.

Die Touristeninformation (Oficina de Turismo) befindet sich nahe der Plaza del Castillo in der Calle Duque de Ahumada.

Unterkünfte bieten sich von der einfachen Pilgerherberge in der Calle Ansoleaga bis zum Vier-Sterne-Hotel am Taconera-Park. Nach Hotels der oberen Preisklasse kann man sich in den Avenidas Zaragoza, San Ignacio und Pío XII. umschauen. Hostals und Pensionen konzentrieren sich in der Zone um die Gasse San Nicolás sowie in den Straßen Estafeta, Tudela und Iturralde y Suit.

Pamplona ist ab der Rioja gut über die Nationalstraßen 111 (ab Logroño), 113 und 121 (östlich von Alfaro) zu erreichen. Schneller geht es ebenfalls östlich von Alfaro auf der Ebro-Autobahn (A-15). Einen Exkurs nach Pamplona kann man gut mit Olite und Tafalla (Route über die N-113 und N-121 oder die Autobahn) oder mit Viana, Estella und Puente la Reina (Route über die N-111) kombinieren.

An dieser Stelle möchte ich auf weitere Informationen in meinen beiden Büchern »Baskenland – Navarra« (edition aragon, 1993) und »Pamplona – Stadt der Sanfermines« (edition aragon, 1994) verweisen.

Exkurs Soria und Numancia (Castilla y León)

Im Süden der Rioja ist die benachbarte Provinz Soria auf der Nationalstraße 111 über den Piqueras-Paß rasch erreicht. Rund 40 Kilometer hinter der Provinzgrenze fährt man in die Stadt Soria ein.

Dichter wie Gustavo Adolfo Béquer und Antonio Machado haben einst von jener »Stadt zwischen Himmeln und Hügeln« geschwärmt. Die 40 000-Einwohner-Stadt am Río Duero liegt auf einer Höhe von über 1 000 Metern und bietet eine erstaunliche Fülle von Sehenswürdigkeiten.

Zu den wichtigsten religiösen Bauwerken in der überschaubaren Stadt zählen die Kathedrale San Pedro mit imposanten romanischem Kreuzgang, die Klosterkirche San Juan de Duero mit ebenfalls sehenswertem Kreuzgang, der romanische Sakralbau San Juan de Rabanera aus dem 12. Jahrhundert und die Kirche Santo Domingo mit ihrer bedeutsamen romanischen Fassade. Ein Juwel unter den sorianischen Schätzen der Profanarchitektur ist der Palast der Grafen von Gómara. Der viereckige Turm des mächtigen Renaissancebaus beherrscht die Stadt, und seine Silhouette hebt sich von den typisch rötlichen Dächern Sorias ab. An der nahen Plaza Mayor gelangt man an das Gerichtsgebäude La Audiencia und die Casa de los Linajes (heute Rathaus).

Die Haupteinkaufsstraße ist die Calle de Collado, von wo aus man einen Bummel durch die von Adelspalästen gesäumte Calle La Aduana Vieja bis zur Santo-Domingo-Kirche fortsetzen sollte. An der Aduna Vieja ragt unter anderem die Casa de los Ríos auf.

Nahe dem Paseo General Yagüte liegt das Museo Numantino, das zahlreiche archäologische Funde aus keltiberischen und römischen Zeiten beherbergt. Es lohnt sich, vom Provinzmuseum aus auf der Alameda de Cervantes durch die gepflegten Grünanlagen zu flanieren und es so den Bewohnern der Stadt gleichzutun. Bald erreicht man die Soledad-Kapelle mit einer imposanten Christus-Darstellung. In den Straßen von Soria spürt man jene beschauliche Strenge, die den kastilischen Dörfern eigen ist. Eine Stätte mit viel Ambiente ist auch der Parador Nacional auf dem Burghügel über dem Río Duero.

Wenige Kilometer nördlich von Soria gelangt man zu den Ruinen der antiken Stadt Numancia. Unterhalb des Hügels mit dem Ruinenfeld fließen Duero und Tera zusammen. Numancia war in vorchristlichen Zeiten eine bedeutende

Siedlung der Keltiberer. Im zweiten vorchristlichen Jahrhundert wehrten die Bewohner zahlreiche Anstürme von römischen Truppen ab, bis die Heerscharen unter Scipio Emilianus im Jahre 133 vor der Zeitenwende erfolgreich waren. Nach der Eroberung bauten die Römer Numancia wieder auf, doch geriet der Ort ab dem vierten nachchristlichen Jahrhundert in Vergessenheit.

Zu sehen sind in Numancia Straßen, Grundmauern von Häusern, Kanalisationsanlagen und Verteidigungswälle. Durch das Areal leitet ein markierter Rundweg. Der große Kalksteinobelisk neben dem Grabungsfeld wurde zu Beginn des 20. Jahrhunderts errichtet und erinnert an den heroischen Widerstand der Bewohner Numancias.

Exkurs Zaragoza (Aragón)

Auf der »Ebro-Autobahn« ist Zaragoza ab Logroño in weniger als zwei Stunden erreicht. Alleine wegen des weltberühmten Wahrzeichens, der Kathedrale Virgen de Pilar am Ufer des **Ebro**, lohnt sich diese Exkursion.

Zaragoza ist Zentrum der gleichnamigen aragonesischen Provinz. Ein reiches kunsthistorisches Erbe aus einer über 2 000 Jahre alten Geschichte erwartet den Besucher. Unter dem Namen Caesaraugusta wurde die heutige Metropole im Ebro-Becken zu Augustus' Zeiten als römische Veteranenkolonie gegründet. Die Grundrisse jener römischen Siedlung finden sich nahezu unverändert im Altstadtviertel zwischen dem Ebro und dem Coso wieder.

Im Laufe der Geschichte gingen Vandalen, Sweben, Westgoten und Mauren über die heutige Universitätsstadt hinweg, die im Jahre 1118 von Alfonso I. de Aragón zurückgewonnen wurde. Infolge der Vereinigung der Kronen von Kastilien und Aragonien und der folgenden Zentralisierung büßte Zaragoza seit dem Ende des 15. Jahrhunderts an Bedeutung ein, was unter Felipe V. im 18. Jahrhundert im Verlust der letzten historischen Privilegien gipfelte. Heute ist Zaragoza – eingedeutscht auch als Saragossa geschrieben – ein Landwirtschafts- und Industriezentrum ersten Ranges.

Fremdenverkehrsämter findet man in Zaragoza an folgenden Stellen: Torreón de la Zuda, Glorieta Pío XII. s/n; Plaza Sas 7; Don Jaime I., 6 (Bajos Teatro Principal) sowie an der Plaza del Pilar.

Eine erste Orientierung in Zaragoza bieten der Río Ebro und die Brücken Santiago, Pradera und Pilar, zwischen denen zur Zentrumsseite hin wichtige Besuchsziele liegen. Die Kathedrale Nuestra Señora del Pilar mit ihren zahlreichen Kuppeln und den vier hoch aufragenden Ecktürmen wurde an jener Stelle errichtet, an der dem Apostel Jakobus im Jahre 40 nach der Zeitenwende die Jungfrau María erschienen sein soll. Nach der Errichtung einer Kapelle und eines kleinen gotischen Gotteshauses geht der heute zu besichtigende Kathedralbau in barockem und klassizistischem Stil auf das 17. und 18. Jahrhundert zurück. Das Kircheninnere bilden drei hohe, von sieben Bogenreihen unterbrochene Kirchenschiffe. alle Kuppelgewölbe sind mit wertvollen Gemälden, unter anderem von Goya und Bayeu, ausstaffiert. Im unmittelbaren Umkreis der Kathedrale befinden sich die sehenswerte Plaza Nuestra Señora del Pilar, das Rathaus, der Erzbischofspalast und ein Goya-Denkmal. Auf die künstlerischen Spuren des aus

Fuentetodos bei Zaragoza stammenden Francisco José de Goya y Lucientes (1746 – 1828) stößt man allerorten in der gesamten Provinz. 1996 erinnerten viele Festakte und Ausstellungen an seinen 250. Geburtstag. Die Fresken in der Kathedrale Nuestra Señora del Pilar, die Deckengewölbe der Fuentes-Einsiedelei in Muel sowie die Fresken der Kartause Aula Dei und der Kapelle von Remolinos sind einige von Goyas Frühwerken. Im Zaragoza-Museum (Plaza de los Sitios) sind unter anderem einige Goya-Werke ausgestellt.

Zaragozas zweite große Kathedrale ist die dem Erzbischofspalast gegenüberliegende »La Seo«, die zwischen dem 14. und 17. Jahrhundert erbaut wurde, so daß Stile aus verschiedenen Epochen vermischt wurden. Unverwechselbar sind der rund 60 Meter hohe, achteckige Turm sowie der Kuppelbau im Mudejar-Stil.

Zaragozas typische und stilvolle Stadtviertel heißen »La Seo« und »El Tubo«, in denen man auf eine hohe Konzentration an Restaurants und Bars stößt.

Ein Stadtbummel sollte auch zur ursprünglich im Mudejar-Stil errichteten Kirche Santa María Magdalena (Calle Mayor), zur gotischen Pfarrkirche San Pablo (Calle San Pablo), zur alten Klosterkirche Santa Engracia (Plaza Santa Engracia), doch vor allem zum eindrucksvollen Aljafería-Palast (Avenida de Madrid) führen. Dieses Bauwerk ist ein kunsthistorisches Erbe der Mauren, das im 9. Jahrhundert als Lustschloß konzipiert wurde.

Zaragoza besitzt schöne Adelshäuser und herrliche Paläste, wie Real Maestranza im Herzen der Altstadt sowie Azara und Pardo mit jeweils sehenswerten Patios. Grüne Lungen in der Großstadt sind die Parks Tío Jorge, Bruil, Torre Ramona, Pignatelli und vor allem Primo de Ribera.

Unter den Museen Zaragozas stechen das erwähnte Zaragoza-Museum und das Museo de Camón Aznar (Espoz y Mina, 23) hervor.

Zu den bedeutendsten Besuchszielen in der aragonesischen Provinz Zaragoza rechnen im Westen die Klosterstadt Calatayud und die Thermen von Alhama de Aragón. Der an Navarra grenzende Nordteil der Provinz mit der Ebene Cinco Villas und den Gebirgen von Sos, Uncastillo, Luesia und Biel war zu römischen Zeiten die »Getreidekammer« dieser Gegend. Die wichtigsten Orte sind das malerische Sos del Rey Católico, 1452 Geburtsort von Fernando de Aragón, und Ejea de los Caballeros mit den Wehrkirchen Santa María und El Salvador. Interessant ist auch das rund 25 Kilometer südwestlich des navarresischen Städtchens Tudela gelegene Tarazona de Aragón am Río Queiles mit zahlreichen Baudenkmälern im Mudejar-Stil und der weithin bekannten Kathedrale. Tarazona wird auch das »aragonesische Toledo« genannt. Ein nicht minder reizvolles Stadtbild bietet das in einer großen Weinanbauzone gelegene Borja, von wo aus sowohl das Veruela-Kloster als auch die rund 1 600 Meter hoch gelegene Wallfahrtskirche Nuestra Señora del Moncayo rasch erreicht sind.

Allgemeiner praktischer Teil

Glossar

Wichtige Begriffe und Bezeichnungen

acueducto: Aquädukt
aficionado: Liebhaber des Stierkampfes
albergue de peregrinos: Pilgerherberge
alhóndiga: Speicherhaus
alojamiento: Unterkunft
arco: Torbogen
arroyo: Bach
artesanía: Kunsthandwerk
ayuntamiento: Rathaus
balneario: Badeort
baños: Bäder
barranco: Schlucht
barrio: Stadtviertel
basílica: Basilika
berones: Ureinwohner der Rioja
bodega: Weinlager, Weinkeller
calle: Straße
callejón: Gasse
Camino de Santiago: Jakobsweg
capilla: Kapelle
capital: Hauptstadt
carretera: Landstraße
casa: Haus, auch Herrenhaus
casa consistorial: Rathaus
casa rural: Landhaus
casco antiguo oder casco viejo: Altstadtviertel
caserío: Bauernhof
caseta: Häuschen
castillo: Schloß
catedral: Kathedrale
cerro: Berg
chiquiteo: trinken und ausgehen in Gruppengemeinschaft
ciudad: Stadt
clarete: Roséwein
claustro: Kreuzgang
collado: Anhöhe
comarca: Landstrich, Umland
Comunidad Autónoma: Autonome Gemeinschaft
Comunidad Europea: Europäische Gemeinschaft
Consejo Regulador: amtliche Organisation für Erhaltung, Kontrolle und Förderung eines amtlich abgegrenzten Weinbaubereiches
convento: Konvent
corral: Gehege
correo: Post
corrida de toros: Stierkampf
crónica: Chronik
crucero: Wegekreuz
cueva: Höhle
cuna: Wiege
dehesa: Weide
Denominación de Origen: amtlich abgegrenzter Weinbaubereich
depósito: Depot
dinosaurio: Dinosaurier
dolmen: Dolmen
edificio: Gebäude
embalse: Stausee
encierro: Einsiedelei
estación: Bahnhof
estación de autobuses: Busbahnhof
Estación enológica: weinbaukundliche Forschungsstation
Euskadi (bask.): Baskenland
Euskera (bask.): baskische Sprache
feria: typisches Volksfest
fiesta: Fest, Feiertag, auch Stierkampf
fiestas patronales: Patronatsfeierlichkeiten
finca: Landgut
frontón: Spielanlage für das Rückschlagspiel Pelota

fuente: Quelle
fuero: Sonderrecht
ganado: Vieh
garganta: Schlucht
granja: Bauernhof
Gran Recorrido: Fernwanderweg
guía: Fremdenführer
huellas: Spuren, in der Rioja gebräuchlich für die Fußspuren von Dinosauriern
icnita: Fundstelle, in der Rioja gebräuchlich für die Fundorte von Dinosaurierspuren
iglesia: Kirche
laguna: See
majada: Pferch
mercado: Markt
mesón: Gaststätte
mirador: Aussichtspunkt
monasterio: Kloster
monje: Mönch
monte: Berg
moriscos: Morisken; zum Christentum bekehrte Mauren
mozárabes: Mozaraber; unte Mauren lebende Christen
mudéjar: Mudejar; unter Christen lebender Maure
Mudejar-Stil: zwischen dem 14. und 16. Jahrhundert in Spanien verbreiteter Bau- und Dekorationsstil, gestaltet von Künstlern und Handwerkern maurischer Abstammung. Charakteristische Merkmale sind die reiche Ornamentik und hufeisenförmige Bögen.
municipio: Gemeinde
murallas: Mauern, Stadtmauern
museo: Museum
oficina de turismo: Fremdenverkehrsbüro
palacio: Palast
palacio episcopal: Bischofspalast
pantano: Stausee (auch embalse)
panteón: Pantheon
Parador Nacional: staatliches Nobel-Hotel an altehrwürdiger Stätte
parque: Park
parroquia: Pfarrkirche
paseo: Promenade
paso: Heiligenbild bei Prozessionen
patio: Innenhof
patrimonio: Erbe, hier im Sinne von Kulturerbe
peña: Fels
peregrino: Pilger
pinchos: Appetithäppchen, Tapas
pista: Piste
plaza: Platz
plaza de Toros: Stierkampfarena
portillo: Engpaß
procesión: Prozession
provincia: Provinz
pueblo: Dorf
puente: Brücke
puerta: Tor, Stadttor
puerto: Hafen, Gebirgspaß
reconquista: Reconquista, Rükkeroberung; Bezeichnung für die Rückeroberung – manchmal besser Eroberung – der ab 711 von den Mauren zu weiten Teilen eingenommenen Iberischen Halbinsel durch 'christliche' Heere; die Reconquista endete mit dem Fall des letzten maurischen Reiches im Jahre 1492 im andalusischen Granada.
refugio: Schutzhütte
retablo: Retabel, Altaraufsatz
rey: König
río: Fluß
Rioja Alavesa: Alavesische Rioja; Alava heißt die benachbarte baskische Provinz
Rioja Alta: Obere Rioja
Rioja Baja: Untere Rioja
romería: Wallfahrt
rosado: Roséwein
ruina: Ruine
sala: Saal

Verlassenes Dorf im Hochland von Enciso

sala capitular: Kapitelsaal
Santiago: Jakob
Semana Santa: Karwoche
sendero: Fußweg
sierra: Gebirge
solar: Bauplatz
soto: Wäldchen
tauromaquia: 'Stierkämpferkunst'
teatro: Theater
telefónica: Telefonzentrale
termas: Thermalquellen
tinto: Rotwein
torre: Turm
trocha: Pfad
tuna: Studentenkapelle
Turismo Rural: Tourismus auf dem Lande
urbanización: moderner Vorort, Villenkolonie
valle: Tal
vega: fruchtbare Ebene
vendimia: Weinlese
venta: altehrwürdiges Rast- und Gasthaus am Wege
viñedo: Weinberg, Weingarten
vinificación: Weinbereitung
vino: Wein
vino de mesa: Tischwein
virgen: Jungfrau, Jungfrau Maria
yacimiento: Fundort

La Rioja von A – Z

Anreise mit dem Auto

Die schnellste und kilometermäßig kürzeste Verbindung führt auf der traditionellen Autobahnroute von Deutschland über Frankreich. Befahrene Hauptstrekken sind Köln-Lüttich-Valenciennes-Paris und Saarbrücken-Metz-Reims-Paris. Es empfiehlt sich, den Verkehrsknotenpunkt Paris um Mitternacht zu passieren. Von Paris aus geht es für Autobahnbenutzer auf der A-10 über Orléans, Tours und Poitiers bis in den Süden von Bordeaux. Dort führt eine autobahngleiche Schnellstraße (gebührenfrei) bis auf die Höhe von Dax, wo man wieder Autobahnanbindung bis nach Spanien hat. Über die Höhe der aktuellen Autobahnbenutzungsgebühren in Frankreich und Spanien informiert der ADAC (für Mitglieder).

Wer genügend Zeit hat, legt die lange Strecke (von Köln bis San Sebastián sind es allein auf der Autobahn rund 1 300 Kilometer) auf den Landstraßen zurück und umgeht damit die Autobahngebühren. Häufig benutzt werden die Achsen Nancy - Troyes - Auxerre - Nevers - Moulins - Gueret - Angoulême - Bordeaux sowie Aachen - Lüttich - Namur - Sedan - Reims - Troyes - Sens-Montargis - Orléans - Blois - Tours - Poitiers - Angoulême - Bordeaux.

Für eine Strecke sollte man zwei Tage Fahrzeit einplanen. Ab der spanisch-französischen Grenze bei Hendaye/Irún hat man verschiedene Möglichkeiten zur Weiterfahrt. Die Rioja erreicht man auf den Achsen von Nationalstraßen bzw. Autobahnen über Pamplona, San Sebastián oder Bilbao/Vitoria.

Von der Mittelmeerseite her bietet sich ein Route ab Barcelona und über Lérida und Zaragoza an.

Autofahren

Autofahrer benötigen den gültigen nationalen Führerschein und den Kraftfahrzeugschein. Es empfiehlt sich die Mitnahme der – nicht mehr obligatorischen – internationalen grünen Versicherungskarte. Ist der Wagen nicht auf den eigenen Namen zugelassen, sollte man eine Vollmacht des Halters vorweisen können.

Die Tempolimits für Autos betragen innerhalb geschlossener Ortschaften

50 km/h, auf Landstraßen 90 km/h und auf Autobahnen 120 km/h. Die Promillegrenze liegt bei 0,8 Promille Blutalkohol. Es besteht Anschnallpflicht, und für motorisierte Zweiradfahrer sind die helmlosen Zeiten vorbei.

Bleifreies Benzin (»sin plomo«) ist an vielen Tankstellen erhältlich. Bei der Parkplatzsuche sollte man auf blaue Bordsteinmarkierungen achten; dann ist der Parkplatz gebührenpflichtig (Parkscheinautomat). Im Park- oder Halteverbot sollte man sein Vehikel niemals abstellen, denn die Polizei ist rasch mit eisernen Reifensperren oder direkt mit dem Abschleppdienst zur Stelle.

Im Wageninnern sollte man wegen Diebstahlsgefahr nichts sichtbar liegen lassen.

Autoverleih

In La Riojas Hauptstadt **Logroño** kann man bei verschiedenen Agenturen Fahrzeuge mieten. An Preisen muß man für einen Kleinwagen (z.B. Seat Marbella) pro Tag inklusive Versicherungen, freier Kilometerzahl und Steueraufschlag umgerechnet mit etwa 80 bis 100 Mark rechnen; längere Mietzeiten senken den relativen Preis pro Tag. Zu beachten ist, daß man bei der Fahrzeugmiete mindestens 21 Jahre alt sein muß. Es genügt der nationale Führerschein.

An folgenden stellen in Logroño ist der Autoverleih möglich:

- Avis. Gran Vía, 67. Tel. 20 23 54.
- Garaje Chile. Santa Isabel, 12. Tel. 23 18 39.
- Hertz. Avenida España, 1. Tel. 25 80 26.
- Racing. Queipo de Llano, 2. Tel. 23 06 26.

Banken

Banken haben in der Regel montags bis freitags zwischen 9 und 14 Uhr sowie samstags von 9 bis 12.30 Uhr geöffnet. Doch nicht nur die Öffnungszeiten, auch die vergleichsweise hohen Gebühren für den Geldtausch sind nicht einheitlich. Gelegentlich lohnt es sich, die Konditionen zu vergleichen. Geldtausch ist auch in einer Wechselstube (»casa de cambio«) möglich.

Günstig kann man mit dem Postsparbuch Geld abheben. Vorteile bringt auch die Kreditkarte; die gängigen Kreditkarten werden in der Regel akzeptiert.

Vgl. dazu auch unter dem Stichwort »Geld«.

Bodegas

Vollkommen zurecht wird die Rioja immer wieder mit ihrem weltberühmten Weinen in Verbindung gebracht. Der Alkoholgehalt des Rioja-Weines liegt zwischen zehn und zwölf Grad. Man unterscheidet zwischen dem Rotwein (Tinto), dem Roséwein (Clarete) und dem Weißwein (Blanco).

Ein Zentrum des Weinanbaus befindet sind im Einzugsgebiet um Haro. Auch dort haben sich – wie vielfach in der Rioja – Weinbauern in Kooperativen zusammengeschlossen. Für den Reisenden ist der Besuch einer Bodega außerordentlich interessant, vor allem während der Haupterntezeit im Herbst. Unter einer Bodega darf man sich nicht immer einen urigen Keller mit alten Eichenfässern vorstellen, sondern oft ein riesiges Weinlager mit unzähligen Tanks.

Der Wein hat Landschaft und Bewohner der Rioja im Sinne von Fiestas und Traditionen geprägt; vielfach steht der edle Rebensaft im Mittelpunkt.

Heute werden auf einer Gesamtfläche von rund 50 000 Hektar Trauben angebaut, und die durchschnittliche Jahresproduktion beläuft sich auf etwa 150 Millionen Liter. Rioja-Weine werden in alle Welt exportiert; in Deutschland sind sie sogar bei bekannten Discount-Handelsketten erhältlich. Am angenehmsten ist natürlich eine Weinprobe vor Ort. Außerdem bieten sich dem Kunden beim Direktkauf in den Bodegas günstige Preise.

In vielen Bodegas sind Besuche und auf Anfrage – je nach Arbeitsaufkommen – auch Führungen möglich. Hier eine Übersicht über die bekanntesten Bodegas in La Rioja:

- AGE Bodegas Unidas. Fuenmayor. Tel. 29 35 00.
- Berberana. Cenicero. Tel. 45 31 00.
- Berceo. Haro. Tel. 31 07 44.
- Beroniea. Ollauri. Tel. 33 80 00.
- Bilbainas. Haro. Tel. 31 01 47.
- Bodegas y Viñedos. Ollauri. Tel. 33 80 40.
- Bretón y Cía. Avenida Lope de Vega, 20. Logroño. Tel. 24 67 98.
- Campo Viejo de Savín. Gustavo Adolfo Bécquer, 3. Logroño. Tel. 23 80 00.
- Campo Burgo. Alfaro. Tel. 18 01 24.
- Carlos Serres. Haro. Tel. 31 02 94.
- Castillo de Cuzcurrita. Cuzcurrita de Río Tirón. Tel. 46 967 64.
- Compañía Vinicola del Note de España. Haro. Tel. 31 06 50.
- Cooperativa Santa Daria. Cenicero. Tel. 45 41 10.
- Corral. Navarette. Tel. 44 01 93.
- Dinastía Vivanco. Villamediana de Iregua. Tel. 43 50 03
- Faustino Rivero Ulecía. Arnedo. Tel. 38 00 57.
- Florentino de Lecanda. Sajazarra. Tel. 31 02 95.
- Francisco Viguera Cabredo. Ruavieja, 29. Logroño. Tel. 23 69 80.
- Franco Españolas. Cabo Noval, 2. Logroño. Tel. 25 13 00.
- Hermanos Hurtado. Navarrete. Tel. 44 00 31.
- Ibaiondo. Haro. Tel. 31 23 80.
- Lagunilla. Fuenmayor. Tel. 45 01 00.
- Lan. Fuenmayor. Tel. 45 00 50.
- Lopez de Heredia. R. Viña Tondonia. Haro. Tel. 31 01 27.
- Marqués del Puerto. Fuenmayor. Tel. 45 00 01.
- Marqués de Murrieta. Ygay-Logroño. Tel. 25 81 00.
- Martínez Lacuesta. Haro. Tel. 31 00 50.
- Montecillo. Fuenmayor. Tel. 44 01 25.
- Monteleiva. Fuenmayor. Tel. 45 05 05.
- Muga. Haro. Tel. 31 18 25.
- Navajas. Navarrete. Tel. 44 01 40.
- Olarra. Polígono de Cantabria. Logroño. Tel. 23 53 88.
- Ontañón. Quel. Tel. 39 20 45.
- Palacios José. Polígono de Cantabria. Logroño. Tel. 45 01 00.
- Palacios Remondo. Alfaro. Tel. 18 02 07.
- Paternina. Haro. Tel. 31 05 50.
- Perica. San Asensio. Tel. 45 71 52.
- Ramón Bilbao. Haro. Tel. 31 02 95.
- Real Junta. Fuenmayor. Tel. 45 01 41.
- Real Compañía de Vino. Cenicero. Tel. 45 40 07.
- Real Divisa. Abalos. Tel. 25 81 33.
- Rey de Viñas. Avenida de Portugal, 32. Logroño. Tel. 22 56 66.
- Ribera Alta. Haro. Tel. 35 25 02.
- Rioja Alta. Haro. Tel. 31 03 46.

Dinosaurierspur bei Enciso

- Riojanas. Cenicero. Tel. 45 40 50.
- Rioja Santiago. Haro. Tel. 31 02 00.
- Señorío de Libano. Sajazarra. Tel. 32 00 66.
- Sierra Cantabria. San Vicente de la Sonsierra. Tel. 33 40 80.
- Unión Vitivinicola. Cenicero. Tel. 45 40 00.
- Valgrande. San Vicente de la Sonsierra. Tel. 33 40 89.
- Velázquez. Cenicero. Tel. 45 40 37.

Weitere Bodegas befinden sich in dieser Region auch im benachbarten Navarra und ebenso in der angrenzenden baskischen Provinz Alava.

Die Weinbauern der Rioja haben sich in folgenden Organisationen zusammengeschlossen:

- Agrupación de Artesanos Bodegueros de Rioja »Arbor«. Gran Vía, 43. Logroño. Tel. 22 53 04.
- Consejo Regulador de Denominación de Origen Rioja. Jorge Vigón, 51. Logroño. Tel. 24 11 99.
- Grupo de Criadores y Exportadores de Vinos de Rioja. Gran Vía, 7. Logroño. Tel. 25 75 55.

Das bislang umfangreichste und informativste Buch zur Rioja und ihren Weinen ist 1991 unter dem Titel »Historia del Vino de Rioja« in Logroño erschienen (siehe Literaturverzeichnis).

Zu La Rioja und Wein vgl. auch das gesonderte Kapitel.

Camping

In La Rioja sind derzeit sechs Campingplätze (Campamentos de Turismo) ausgewiesen. Auf diesen Terrains in Bañares, Castañares de Rioja, Haro, Logroño, Nájera und Navarrete muß man bei den Preisen mit durchschnittlich 500 Pesetas pro Person, 500 Pesetas pro Auto und 450 Pesetas pro Zelt rechnen; die Preise beziehen sich jeweils auf einen Tag. Hier die Campingplätze im Überblick:

Bañares. Tel. 34 28 04. Ganzjährig geöffnet. Zu den Serviceleistungen rechnen Schwimmbad, Supermarkt, Bar, Restaurant, Cafeteria und Tennisplatz.

Castañares de Rioja. Tel. 32 41 84. Ganzjährig geöffnet. Zum Service des Areals am Río Oja zählen Schwimmbäder, Supermarkt, Bar, Cafeteria, Restaurant und eine Zone für Sportaktivitäten.

Haro. Tel. 31 27 37. Ganzjährig geöffnet. An Service kennt man auf dem Platz nahe dem Río Tirón mit Supermarkt, Bar, Cafeteria und Schwimmbad rechnen.

Logroño. Tel. 25 22 53. Geöffnet vom 1. Juni bis zum 30. September. Der in La Playa am Río Ebro gelegene Platz wartet an Service unter anderem mit Supermarkt, Restaurant und Bar auf. In der Nähe befinden sich die öffentlichen Schwimmbäder.

Nájera. Tel. 36 01 02. Geöffnet vom 1. April bis zum 30. September. Der Campingplatz »El Ruedo« ist der einzige der dritten Kategorie in der Rioja, aber immerhin gibt es Warmwasserduschen.

Navarrete. Tel. 44 01 69. Ganzjährig geöffnet. Zu den Serviceleistungen des an der Straße von Navarrete nach Entrena gelegenen Platzes rechnen Supermarkt, Bar, Schwimmbad, Tennisplatz und Minigolfplatz.

Die Eröffnung von weiteren Campingplätzen (z.B. in Villoslada de Cameros und Berceo) ist geplant.

Chiquiteo

Traditionalisten sind auf den »chiquiteo« eingeschworen. Darunter versteht man in jenem Teil Nordspaniens sowohl das allgemeine Ausgehen und Trinken in gemütlicher Gruppengemeinschaft als auch die Appetit-Anregung vor dem Mittagessen. Man fällt in eine Bar ein und nimmt dort ein oder zwei Snacks (»pinchos«, auch bekannt als »tapas«) zu sich. Die Häppchen werden von Bier, Wein oder Wermut begleitet – die Geschmacksnerven verlangen nach mehr.

Der Name »chiquiteo« (im Baskischen »txikiteo« geschrieben) rührt von de spanischen Verkleinerungsform »chiquiteo« im Sinne eines Gläschens Rotwein her. Selbstredend läßt sich beim »chiquiteo« auf »einem Bein nicht stehen«, und manch einer erscheint daheim in angeheiterter Freude zum Mittagsmahl.

Bei den »pinchos« handelt es sich um Snacks aller Art. Dies können Tortillastückchen auf Brot, Oliven und Paprikawurst (Chorizo), aber auch Meeresfrüchte und frittiertes Allerlei sein. Manchmal hängt in den Bars eine Liste mit den »pinchos«-Spezialitäten aus. Doch zum »chiquiteo« gehört nicht der kulinarische Genuß, sondern auch der angeregte Plausch.

Diplomatische Vertretungen

In Deutschland

Spanische Botschaft. Schloßstr. 4, 53115 Bonn. Tel. 0228-21 70 94.

Hinzu kommen Konsulate in Berlin, Bremen, Düsseldorf, Frankfurt am Main, Hamburg, Hannover, München und Stuttgart.

In Österreich

Spanische Botschaft. Argentinierstr. 34, Wien. Tel. 01-50 55 78 80.

In der Schweiz

Spanische Botschaft. Brunnadernweg 43, Bern. Tel. 031-44 04 12.

Hinzu kommen Konsulate in Basel, Genf und Zürich.

In Spanien

Deutsche Botschaft. Calle de Fortuny 8, 28010 Madrid. Tel. 91-31 991 00.

Österreichische Botschaft. Paseo Castellana 91, Madrid. Tel. 91-55 653 15.

Schweizer Botschaft. Calle Nuñez Balboa 35, Madrid. Tel. 91-43 134 00.

Über die aktuellen Konsularvertretungen der drei Länder informieren die Botschaften.

Einreisebestimmungen

Für die Einreise nach Spanien innerhalb Europas mit offenen Grenzen reicht ein gültiger Personalausweis. Die Ein- und Ausfuhr von Devisen ist nicht limitiert. Für PKW-Fahrer reicht der nationale Führerschein; seit jüngster Zeit ist das Mitführen der »Grünen Versicherungskarte« nicht mehr obligatorisch.

Feiertage

Zu den gesetzlichen Feiertagen gesellen sich in den einzelnen spanischen Autonomen Gemeinschaften, Provinzen und Städten diverse Festtage. Man feiert einmal pro Jahr den Tag des oder der jeweiligen Schutzheiligen. Das öffentliche Geschehen liegt brach und wird von einer rauschenden Fiesta abgelöst. Der Tag des Schutzheiligen San Bernabé wird in **Logroño** am 11. Juni begangen. Die Schutzheilige der Rioja ist die Virgen de Valvanera.

Auch wenn Logroño während des Weinlesefestes in der zweiten Septemberhälfte vibriert, so stellen doch die Sanfermines von **Pamplona** in der Nachbarregion **Navarra** zwischen dem 6. und 14. Juli eines jeden Jahres alles in den Schatten. Zumindest einmal im Leben sollte man die Sanfermines mit ihren berühmten Stiertreiben, die schon Ernest Hemingway faszinierten, mit erleben. La Rioja läßt sich sehr gut mit Navarra kombinieren. An dieser Stelle verweise ich auf meine beiden in der edition aragon erschienenen Bücher »Baskenland – Navarra« (1993) sowie »Pamplona – Stadt der Sanfermines« (1994).

An allgemeinen Festen sind in der Rioja auch die Umzüge am Vorabend des Dreikönigsfestes sowie die Karnevalsfeierlichkeiten bekannt. Während der Karwoche (Semana Santa) kommt es zu zahlreichen Prozessionen.

Hier nun ein Überblick über die gesetzlichen Feiertage in Spanien:

- 1. Januar. Neujahr (Año Nuevo)
- 6. Januar. Dreikönigsfest (Día de Reyes)
- 19. März. St.-Josephs-Tag (San José); nicht in allen Provinzen
- Gründonnerstag (Jueves Santo); nicht in allen Provinzen
- Karfreitag (Viernes Santo)
- Ostermontag (Lunes de Pascua); nicht in allen Provinzen
- 1. Mai. Tag der Arbeit (Fiesta del Trabajo)
- Fronleichnam (Día del Corpus)
- 25. Juli. Jakobs-Tag (Día de Santiago); nicht in allen Provinzen
- 15. August. Mariä Himmelfahrt (Asunción de Nuestra Señora)
- 12. Oktober. Tag der »Entdekkung« Amerikas (Día de la Hispanidad)
- 1. November. Allerheiligen (Día de Todos los Santos)
- 6. Dezember. Tag der Verfassung (Día de la Constitución)
- 8. Dezember. Mariä Empfängnis (Día de la Inmaculada)
- 25. Dezember. Weihnachtstag (Día de Navidad)

Festivals

Einige wenige Male im Jahr kommt es in der Rioja zu Großereignissen besonderer Art. Dazu rechnen folgende Festivals: Popmusikfestival (IBERPOP) im Januar in **Logroño**, Theaterreihe (Crónicas Najerenses) im Juli in **Nájera**, Kulturmonat August (Agosto Cultural) in Logroño, Chormusikreihe (Ciclo de Música Coral) im Oktober in der ganzen Rioja, Reihe der Klassischen Musik (Ciclo de Musica Clásica) im November in der gesamten Rioja, Zarzuela-Reihe (Ciclo de Zarzuela) im Dezember in Logroño sowie Marionettenspielfestival (Festival de Marionetas) ebenfalls im Dezember in Logroño.

Fiestas und Traditionen

Das Gedankengut der Bewohner von La Rioja ist eng verknüpft mit volkstümlichen Festen und Bräuchen. Man versteht sich darauf, ausgiebig und ausgelassen zu feiern. Im Mittelpunkt stehen vor allem die Festlichkeiten zu Ehren der jeweiligen Schutzheiligen einer Stadt oder eines Dorfes. Auch der Wein spielt eine entscheidende Rolle bei den traditionsreichen Fiestas. Landesweit bekannt sind beispielsweise das Weinlesefest von Logroño in der zweiten Septemberhälfte und die

»Schlacht des Weins« Ende Juni in **Haro**. Hinzu kommen zahlreiche lokale Wallfahrten.
Über La Rioja und seine Fiestas ist sogar ein eigenes dickes Buch erschienen. Ich gebe hier einen Überblick über den jährlichen Veranstaltungskalender:

Januar
- Erste Januarwoche. Winterfest (Fiestas de Invierno) in **Aldeanueva de Ebro**. Besonderheit: Stiertreiben (Encierros).

Februar
- 3. Februar. San-Blas-Tag mit Feiern in **Cornago**.
- Karnevalsfeierlichkeiten in **Logroño**.

März
- 3. März. Frühjahrsfeiern (Fiestas de Primavera) in **Calahorra**.
- Letztes Wochenende im März. Wallfahrt zur Einsiedelei Nuestra Señora de Carrasquedo in Grañón.
- Gründonnerstag und Karfreitag. »Picaos«-Prozessionen in **San Vicente de la Sonsierra**.
- Ostersonntag. Osterprozession in **Vadillos** und Judas-Verbrennung (Quema del Judas) in **Alfaro**.

April
- 25. April. Wallfahrt von Abelda zur Einsiedelei Santa Fe de Palazuelos und Wallfahrt von Viguera zur San-Marcos-Einsiedlerkapelle.
- 25. April. San-Marcos-Feiern in **Torrecilla**.
- 28. April. Festlichkeiten in **Nájera** und **Albelda**.
- Letzter Aprilsonntag. Wallfahrt von San Asensio zum Heiligtum von Davalillo.

Mai
- Erster Maisamstag. Wallfahrt von Alcanadre zur Einsiedelei Virgen de Aradón.
- Erster Maisonntag. Wallfahrt zur Einsiedelei Royuela in Luezas.
- Erster Maisonntag. Feierlichkeiten in Trevijano.
- 12. Mai. Patronatsfeierlichkeiten in **Santo Domingo de la Calzada** zu Ehren von Santo Domingo. Besonderheiten: Umzüge und Tanzveranstaltungen.
- Dritter Maisonntag. Wallfahrt zur Einsiedelei Virgen del Roble in Sorzano mit bekanntem Umzug (Procesión de las Cien Doncellas).

Juni
- Erster Junisamstag. Wallfahrt von Ventrosa de la Sierra zur Einsiedlerkapelle Villarrica.
- 11. Juni. San-Bernabé-Feierlichkeiten in Logroño.
- 24. Juni. Feierlichkeiten »Las Vueltas« in Nájera.
- 24. Juni. Fiestas in **Fuenmayor**.
- 29. Juni. Ab Haro Wallfahrt zur Einsiedelei San Felices im Berggebiet Bilibio und dort »Schlacht des Weins« (Batalla del Vino).
- 30. Juni. San-Marcial-Feierlichkeiten in Lardero.

Juli
- Erster Julisonntag. Wallfahrt ab **Villoslada de Cameros** zur Einsiedlerkapelle Lomos de Orios.
- 22. Juli. Magdalena-Feierlichkeiten in Anguiano mit dem berühmten Stelzentanz (Danza de los Zancos).

- 25. Juli. Festlichkeiten in **Viniegra de Abajo**.
- 26. Juli. Santa-Ana-Feierlichkeiten in **Cervera del Río Alhama**.

August

- 1. August. San-Felices-Feiern in Brieva de Cameros.
- 3. August. San-Esteban-Fiestas in Abalos, **Murillo** de Río Leza und **Soto en Cameros**.
- 6. August. Wallfahrt in Quel zur Cristo-Kapelle mit anschließender Verteilung von Brot und Käse (»El Pan y el Queso«).
- 15. August. Ortsfeiern in **Aguilar del Río Alhama**, **Briñas**, **Enciso** und Villoslada.
- 16. August. Ortsfeiern von Alfaro, **Badarán**, **Nalda**, **Navarrete** und **Villanueva de Cameros**. Besonderheit in Alfaro: Stiertreiben.
- 24. August. Ortsfeiern in Aldeanueva de Ebro, **Lumbreras**, **Ribafrecha** und **Tricio**.
- Letzte Augustwoche. Patronatsfeierlichkeiten zu Ehren von San Celedonio und San Emeterio in Calahorra. Besonderheit: Stier-Feria.

September

- Ab der ersten Septemberwoche in der gesamten Rioja Entedankfeste (Fiestas de Gracias).
- 8. September. Fackelumzüge in **Haro**.
- 8. September. Feierlichkeiten in **Abalos**.
- 14. September. Festlichkeiten in Fuenmayor.
- 14. September. Fest mit traditionsreichen Tänzen (Danzantes del Cristo de los Remedios) in **Briones**.
- 21. September. Berühmtes Weinlesefest (Fiestas de la Vendimia) in Logroño. Besonderheiten: Weinstampfen auf der Plaza del Espolón, Stiertreiben, Stierkämpfe, Reiterumzüge und volkstümliche Veranstaltungen aller Art.
- 27. September. Feste San Cosme und San Damián in **Arnedo** mit den bekannten »Raubprozessionen« der Heiligen (»El Robo de los Santos«). Besonderheit: Stier-Feria.
- 29. September. San-Miguel-Feria in **Nájera**.

Oktober

- 12. Oktober. Wallfahrt ab Alfaro zur Pilar-Einsiedelei.
- 26. Oktober. Feierlichkeiten in San Millán de la Cogolla.

November

- 30. November »Rauch-Prozession« (»Procesión del Humo«) in Arnedillo.

Dezember

- 3. Dezember. Tag des Schutzheiligen San Francisco Javier in Islallana.
- Weihnachten. Lebende Krippen in **Alcanadre** und Navarrete.

Fotografieren

Einen ausreichenden Vorrat an Foto- und Filmmaterial sollte man von daheim aus mitführen; die Preise in Spanien liegen etwa 20 bis 25 Prozent über jenen in Deutschland. Gleiches gilt für die Filmentwicklung und Abzüge. Manche Fotogeschäfte in Städten haben sich auf Entwicklung und Abzüge in einem Zeitraum von einer Stunde eingestellt. Nach meinen Erfahrungen läßt sich an der Qualität nicht beanstanden.

In Kirchen und Museen ist das Fotografieren mit Blitzlicht meist untersagt.

Wir empfehlen, einmal die von der »Stiftung Warentest« mit »sehr gut« prämierten Farbdiafilme von »TURA« (Düren) auszuprobieren. Die in diesem Buch abgebildeten Fotos sind von mit fast ausnahmslos mit den TURA-Filmen CR 100 S 135-36 DX und CR 200 S 135-36 DX gemacht worden.

Gastronomie und Restaurants
In der traditionell vielfältigen Anbauzone der Rioja gibt es eine reiche und üppige Küche. Viele der Gerichte stehen auf Gemüsebasis. Generell hat man es mit einer abwechslungsreichen und gehaltvollen Küche zu tun.

Typische Gerichte sind der Gemüseeintopf (»menestra«), Kartoffeln mit Paprikawurst (»patatas con chorizo«), auf Rebholz gegrillte Koteletts (»chuletas al sarmiento«), weiße Bohnen mit Wachteln (»alubias con codorniz«), gefüllte Paprikaschoten (»pimientos rellenos«), Blutwurst (»«morcilla«; diese enthält auch Zwiebeln, Reis und Brotkrumen sowie mitunter auch Zucker und Zimt) und Suppe auf Rioja-Art (»sopa a la riojana«; es ist eine klassische Knoblauchsuppe mit Paprika und auch Tomaten).

An Gemüse kommen gemeinhin Bohnen, Tomaten und Paprika vor. Vor allem im Herbst sieht man bei der Fahrt durch die Dörfer zahllose Gebinde an Paprikaschoten, die an Häuserwänden zum Trocknen aushängen.

Frisch auf den Tisch kommen Rind, Schwein, Lamm und – je nach Jahreszeit – Rot- und Schwarzwild. Der beste Fisch ist die Forelle (»trucha«), die vornehmlich in den Flüssen Oja, Tirón, Iregua und Najarilla vorkommt.

Aus der **Sierra de Cameros** stammt der bekannte »Camerano«-Ziegenkäse. In der Rioja hält man auch viel auf Süßigkeiten und Nachtische. Dazu rechnen Marzipan aus **Soto en Cameros** (»mazapán de Soto en Cameros«), Konditorwaren aller Art und die aus Brot, Wein und Zucker bestehende »Suppe« (»sopa en vino«).

Zu all den Gerichten gehört natürlich der typische Rioja-Wein.

In der Rioja sind etwa 200 Restaurants registriert, in denen man die Spezialitäten der Region und natürlich auch andere Speisen kosten kann. Hier ein kleiner Überblick über gastronomische Häuser in La Rioja; der Überblick mag lediglich als Orientierungshilfe verstanden werden.

Alfaro
Einheimische Küche im »San Roque« (Calle San Roque) und im Restaurant des Hotels »Palacios Rioja«.

Anguiano
Einheimische Küche in der Valvanera-Abtei und im Restaurant des Hostals »El Corzo« (Carretera de Lerma, 12).

Arnedillo
Verschiedene Restaurants der vierten Kategorie an der Hauptstraße.

Arnedo
Einheimische Restaurants der dritten Kategorie befinden sich in den Straßen Santiago Ruiz Torre, Santiago Milla, Virrey Lizana und Carretera. Fisch gibt es zum Beispiel im »Picabea« (Virrey Lizana, 3).

Autol
Einzelne gastronomische Stätten längs der Straße General Gallarza.

Berceo
Das Restaurant »San Lorenzo« (San Millán s/n) ist bekannt für seine Schweinefleischspeisen.

Calahorra
Auf Restaurants der dritten Kategorie stößt man unter anderem in den Straßen Quintiliano, Basconia, Coliseo, Grande, Irarte, Cuatro Esquinas und Achútegui de Blas.

Casalarreina
Restaurants der dritten und vierten Kategorie hier an der Plaza de Icoña und an den Straßen Calvo Sotelo und Cihuri.

Castañares de Rioja
Typische Gerichte in den Restaurants an der Calle Mayor.

Cenicero
Hier sollte man es hinsichtlich von typischen Gerichten in den Gaststätten in der Calle Vitoria versuchen.

Ezcaray
Regionale kulinarische Produkte in den Restaurants im Bereich von Arzobispo Berroeta, Héroes del Alcázar, Martín Gamero und Jesús Nazareno. Bekannte Eintöpfe im »Echaurren« an der Héroes del Alcázar.

Fuenmayor
Bekannt für ihre Grillspezialitäten sind die Restaurants »Alameda« (Plaza Azpilicueta, 1) und »Chuchi« (Carretera Vitoria, 2).

Haro
Hier hat man die Auswahl unter etwa 15 Restaurants, von denen sich die qualitativ ansprechendsten im Bereich von Santo Tomás, Plaza de la Paz, Vega, Cantarrañas und Plaza de la Cruz befinden.

Logroño
Die Hauptstadt der Rioja wartet mit etwa 80 Restaurants auf. Das einzige Luxusrestaurant der Stadt heißt »La Merced« und befindet sich in der Marqués de San Nicolás 106. Die Restaurants der zweiten Kategorie sind »Don Pablo« (República Argentina, 41), »La Grájera« (Carretera de Burgos, km 2), »Machado« (Portales, 49) und »Mesón Medieval« (Marqués de Murrieta, 32). Für regionale Spezialitäten jedweder Art sind auch die Restaurants »Asador Zubillaga« (San Augustín, 3), »Bodegón de Manolo« (Bretón de los Herreros, 62), »Carabanchel« (San Augustín, 2), »Meridiana« (Villamediana, 27), »Mesón Charro« (Laurel, 12), »Mesón del Rey« (Avenida de Portugal, 30), »Mesón Egües« (La Campa, 3), »Mesón Francisco« (Santa Isabel, 16), »Mesón Lorenzo« (Marqués de San Nicolás, 136) und »Nobleza« (Mercaderes, 3) bekannt. Gute Restaurantadressen – im Sinne traditionell und urwüchsig – befinden sich allgemein in den Straßen San Augustín, Laurel, Pérez Galdós, Peso, Murrieta und Vitoria.

Nájera
Im Hinblick auf die regionale Küche kann man es in Restaurants am Paseo San Julián und in den Straßen Dicarán, Calvo Sotelo, Mártires, Guindalera, Duques de Nájera und Arrabal la Estrella versuchen.

Santo Domingo de la Calzada
Traditionelle und breitgefächerte Küche bieten Restaurants im Bereich der Straßen General Franco, Hermosilla,

Etchegoyen, Mayor, Zumalacárregui und Hilario Pérez.

San Vicente de la Sonsierra
Die geringe Auswahl vor Ort beschränkt sich auf gastliche Stätten in den Straßen Generalísimo und Zumalacárregui.

Torrcilla en Cameros
Restaurants der dritten Kategorie befinden sich in den Straßen Sagasta und an der Plaza Constitución.

Villamediana de Iregua
Typische Restaurants an der Calle Bodegas.

Geld
Landeswährung ist die Peseta. Es existieren Scheine zu 1 000 (grün), 2 000 (rot), 5 000 (braun) und 10 000 Pesetas (blau). Das Münzgeld ist aufgeteilt in 1, 5, 10, 25, 50, 100, 200 und 500 Pesetas. Das 5-Pesetas-Stück heißt »duro«; Preise werden bei kleineren Beträgen gelegentlich in »duros« genannt. Die älteren und vergleichsweise schweren 1-, 5-, und 25-Pesetas-Münzen sind nun durch Stücke ersetzt worden, die Franco nicht mehr zeigen und wesentliche Erleichterung ins Portemonnaie bringen.

In jüngster Vergangenheit ist es durch mehrmalige Abwertungen der Pesetas zu starken Kursschwankungen gegenüber der DM gekommen. Derzeit bekommt man für eine DM knapp über 80 Pesetas. Nach meinen Erfahrungen kann man sein Geld ebensogut in Deutschland wie in Spanien wechseln. Vorausgesetzt, man gerät in Spanien nicht an eine Bank, die bei Bargeldtausch Gebühren erhebt – auch das kann häufig vorkommen. Bei Schecks werden hohe Kommissionen verlangt. Aufgrund des relativ guten, aber beileibe nicht mehr besten Wechselkurses kann man das Postsparbuch mitzunehmen.

Banken haben in der Regel montags bis freitags von 9 bis 14 Uhr und samstags zwischen 9 und 12.30 Uhr geöffnet. Die gleichen Öffnungszeiten gelten für die Postsparkasse (Caja Postal).

Geldwechsel bieten generell auch Wechselstuben (Casas de cambio oder Oficinas de cambio) und – zu schlechterem Kurs – gelegentlich Reisebüros und größere Hotels. Seit neuestem verfügen einzelne Banken über automatische Wechselschalter, die rund um die Uhr mit EC-Karte funktionieren.

Die bekannten internationalen Kreditkarten (Master Card, Visa, Eurocard, Diner's Club etc.) werden fast überall akzeptiert. Wer sich ein Auto leiht, hat hier den Vorteil, denn er braucht kein Bargeld zu hinterlegen, sondern bürgt für eine bestimmte Summe mit der Kreditkarte.

Gesundheit
Die ärztliche Versorgung ist in der Regel gut. Wichtig ist es, sich im Vorfeld der Reise mit der Ortsvertretung der heimatlichen Krankenkasse in Verbindung zu setzen, um das Formblatt (E-111) zu bekommen (gilt nur für EG-Angehörige; vgl. auch unter dem Stichwort 'Krankenversicherung'). Einen deutschsprachigen Arzt zu finden dürfte in diesem Bereich Spaniens schwierig sein.

Apotheken (»farmacias«) haben generell zwischen 9/9.30 und 14 sowie 16.30/17 und 20/20.30 Uhr geöffnet; Notdienste sind vorhanden. In einem akuten Notfall auf der Straße sollte man ein Taxi stoppen und sich zum nächsten Arzt (»médico«) oder Krankenhaus (»hospital«, Clínica«) fahren lassen.

Hotels und Pensionen

Die offiziell geführten Hotels und Pensionen in La Rioja bieten insgesamt rund 5 000 Betten. Im Zuge steigenden Fremdenverkehrs, der vor allem auf dem Jakobsweg basiert, sind Stimmen laut geworden, die für die Einrichtung weiterer Übernachtungsstätten plädieren.

Das Gros der Hotels und Pensionen in der Rioja hat ganzjährig geöffnet, doch einige sind nur während der Sommermonate zugänglich. Für ein Doppelzimmer ohne Frühstück muß man inklusive Steueraufschlag pro Nacht in einem Vier-Sterne-Hotel mit rund 15 000 Pesetas rechnen, in einem Drei-Sterne-Hotel mit etwa 11 000 Pesetas, in einem Zwei-Sterne-Hotel mit Preisen zwischen 5 500 und 8 000 Pesetas, in einem Ein-Stern-Hotel mit rund 5 000 Pesetas und in Hostals bzw. Pensionen mit Preisen in der Größenordnung zwischen 3 000 und 7 000 Pesetas. An Alternativen bieten sich Campingplätze, Landhäuser und Pilgerherbergen an; vgl. unter den entsprechenden Stichworten.

Hier ein breitgefächerter Überblick über Hotels und Pensionen in der gesamten Rioja:

Aldeanueva de Ebro

- Hostal Aldea. Jorge Vigón, 52. Tel. 16 30 68.

Alfaro

- Hotel Palacios Rioja **. Carretera Zaragoza s/n. Tel. 18 01 00.
- Hostal Moderno. San Anton, 32. Tel. 18 00 56.

Anguiano

- Hostal Abadía de Valvanera. Monasterio de Valvanera. Tel. 37 70 44.
- Hostal El Corzo. Carretera de Lerma, 12. Tel. 37 70 85.

Arnedillo

- Hotel Balneario ***. Balneario. Tel. 39 40 00.
- Hotel El Olivar ***. Carretera Soria-Tafalla, km 62. Tel. 39 41 05.

Arnedo

- Hotel Victoria ***. Constitución, 97. Tel. 38 01 00.
- Hotel Virrey **. Paseo de la Constitución, 27. Tel. 38 01 50.

Ausejo

- Hotel Maite *. Carretera General, km 28. Tel. 43 00 00.

Briñas

- Hotel Portal de la Rioja *. Carretera Vitoria, km 42. Tel. 31 14 80.

Calahorra

- Hotel Parador Nacional Marco Flabio Quintiliano ***. Era Alta s/n. Tel. 13 03 58.
- Hotel Cheff Nino **. Padre Lucas, 20. Tel. 13 20 29.
- Hostal San Cristóbal. Ramón Subirán, 12. Tel. 13 00 21.
- Hostal Teresa. Santo Domingo, 2. Tel. 13 03 32.
- Hostal Encara. Pablo Picasso, 7. Tel. 13 31 40.

Cervera del Río Alhama

- Hostal Mojón de los Tres Reyes. Barrio de Valverde. Tel. 19 84 54.

Cuzcurrita de Río Tirón

- Hostal Ruiz. Carretera Logroño-Santander, km 50. Tel. 32 71 10.
- Hostal El Botero. San Sebastián s/n. Tel. 32 70 00.

Ezcaray

- Hostal Echaurren. General Mola, 2. Tel. 35 40 47.
- Hostal Begoña. Carretera Santo Domingo s/n. Tel. 35 40 00.
- Hostal Margarita. Lamberto Felipe Muñóz, 1. Tel. 35 41 44.
- Apartamentos Echaurren. Calle Héroes del Alcázar, 4.
- Pensión Alberque de la Real Fábrica. Carretera Santo Domingo s/n. Tel. 35 44 74.

Haro

- Hotel Los Agustinos ***. Plaza San Agustín, 2. Tel. 31 13 08 und 31 24 13.
- Hotel Iturrimurri ***. Carretera 232, km 41. Tel. 31 12 13.
- Hostal Aragón. La Vega, 9. Tel. 31 00 04.

Logroño

- Hotel Carlton Rioja ****. Gran Vía, 5. Tel. 24 21 00.
- Hotel Herencia de La Rioja ****. M. de Murrieta, 12. Tel. 21 02 22.
- Hotel Los Bracos ****. Bretón de los Herreros, 29. Tel. 22 66 08.
- Hotel Ciudad de Logroño ***. Menéndez Pelayo, 9. Tel. 25 02 44.
- Hotel Condes de Haro ***. Saturnino Ulargui, 6. Tel. 20 87 43.
- Hotel Murrieta ***. M. de Murrieta, 1. Tel. 22 41 50.
- Hotel Isasa *. Doctores Castroviejo, 13. Tel. 25 65 99.
- Hostal La Numantina. Sagasta, 4. Tel. 25 14 11.
- Hostal Niza. Capitán Gallarza, 13. Tel. 20 60 44.
- Hostal Marqués de Vallejo. Marqués de Vallejo, 8. Tel. 25 20 11.
- Hostal Paris. Avenida de La Rioja, 8. Tel. 22 87 50.
- Hostal Rioja Condestable. Doctores Castroviejo, 5. Tel. 24 72 88.
- Hostal Gonzalo de Berceo. Gran Vía, 37. Tel. 22 96 12.
- Hostal Mesón Pepa. Carretera Zaragoza, km 3. Tel. 23 40 11.
- Hostal Sebastián. San Juan, 21. Tel. 22 17 69.

Nájera

- Hotel San Fernando **. Paseo San Julián, 1. Tel. 36 37 00 und 36 38 01.
- Hostal Hispano. La Cepa, 2.

Nalda

- Hostal Peñabajenza de Iregua. Mayor, 30. Tel. 44 71 53.

Santo Domingo de la Calzada

- Hotel El Corregidor ***. Zumalacárregui, 14. Tel. 34 21 28.
- Hotel Parador Nacional ***. Gegenüber dem Kathedralturm.
- Hostal Santa Teresita. General Mola, 2. Tel. 34 07 00.
- Hostal Río. Echegoyen, 2. Tel. 34 00 85.

San Vicente de la Sonsierra

- Hostal Tony. Zumalacárregui, 27. Tel. 33 40 01.

Villamediana de Iregua

- Hostal Villamediana. Travesía de las Bodegas. Tel. 43 51 78.

Villanueva de Cameros

- Hostal Los Nogales. Carretera Logroño-Soria s/n. Tel. 46 22 08.

Autoreifen als Blumenkästen in Berceo

Villoslada de Cameros

- Hostal Corona. Tel. 46 80 05.
- Fonda Las Trece Villas. Tel. 46 80 77.

Viniegra de Abajo

- Hotel Goyo *. Puente del Río Neila, 3. Tel. 37 80 07.

Krankenversicherung

Besonders im Hinblick auf längere Aufenthalte im Süden sollten Sie sich daheim mit der örtlichen Vertretung Ihrer Krankenkasse rechtzeitig vor Reiseantritt in Verbindung setzen. Man wird Ihnen Vordrucke und ein umfangreiches Merkblatt über den Krankenversicherungsschutz während eines Urlaubaufenthaltes in Spanien aushändigen.

Besonders zu beachten ist, daß Krankenkassen die Kosten eines Rücktransportes erkrankter Urlauber aus dem Ausland gleich ob auf Land- oder Luftweg, nicht übernehmen.

Gegen diesen »Fall der Fälle« mit hohem Finanzrisiko kann man sich durch eine Kurzzeit-Zusatzversicherung absichern, die von Automobilclubs, Reiseveranstaltern und privaten Versicherungsunternehmen angeboten wird. Der Richtpreis für solch eine Zusatzversicherung liegt derzeit bei 25 Mark pro Person und Jahr. Der Kostenersatz umfaßt allgemein hinsichtlich Unfall oder Krankheit die kompletten Behandlungskosten für ambulante und/oder stationäre Heilbehandlung, Medikamente und den notwendigen Transport des Erkrankten oder Verletzten aus dem Ausland (einschließlich Rettungsflüge aus dem Ausland). Es gilt vielerorts jedoch die Regel der Selbstbeteiligung von 50 Mark pro Versicherungsfall.

Kunsthandwerk und Souvenirs

Eine mit anderen Regionen Spaniens vergleichbare »Souvenir-Kultur« gibt es in der Rioja nicht, und entsprechende Geschäfte sind dünn gesät. Als Mitbringsel empfehlen sich in erster Linie Wein (am besten Kauf in einer Bodega), Oliven, Käse und haltbare Süßwaren.

Kunsthandwerkliche Traditionen haben sich nur vereinzelt erhalten. In Städten und Orten wie Logroño, Haro, Cenicero, Fuenmayor, Alfaro, Alberite, Navarrete, Cornago, Cervera del Río Alhama, Casalarreina und Zarratón findet man dennoch Läden, in denen beispielsweise Lederwaren (beliebt sind die »botas« genannten ledernen Weinbeutel), Keramikerzeugnisse und Webwaren angeboten werden. Wer durch Navarrete fährt, wird anhand der Schilder auf die Tradition der Töpferarbeiten (»alfarería«) aufmerksam gemacht. Einen landesweiten Ruf haben die Stikkereien aus der Rioja.

Wer in die Rioja kommt, passiert zwangsläufig die französisch-spanische Grenze. Die meisten Autofahrer werden den Grenzübergang von Béhobie zwischen Hendaye und Irún im Baskenland wählen. Auf der Rückfahrt sollte man dort stoppen. Spirituosen und Süßwaren sind in den auf spanischer Seite gelegenen Discountläden von Béhobie (span. Behobia) preiswerter als andernorts. Im Angebot stehen dort beispielsweise auch Lederwaren. Man kann sowohl mit Pesetas als auch mit französischen Francs bezahlen.

Landhäuser und Landhausprogramm

Im Jahre 1992 ist in der Rioja – sicherlich mit Blick auf die positiven Erfahrungen im benachbarten Navarra – ein Landhausprogramm ins Leben gerufen worden. In touristisch interessanten Örtchen finden Besucher in der rustikalen Atmosphäre von Landhäusern Unterkunft und können von dort aus zu vielfältigen Unternehmungen starten. Das von der Autonomen Gemeinschaft initiierte Programm zum Tourismus auf dem Lande (Turismo Rural) birgt Vorteile für alle Beteiligten: für die Riojaner eine zusätzliche Einnahmequelle und für die Besucher der direkte Kontakt zur einheimischen Bevölkerung. Hier läßt sich der »europäische Gedanke« in der kleinsten Einheit pflegen.

Landhäuser für Touristen befinden sich heute bzw. sind vorgesehen in den Ortschaften der Täler von **Najerilla**, **Iregua**, **Cidacos**, **Oja**, **Leza**, **Alhama** und **Tirón**. Intensive Ausweitungen sind geplant, denn das Programm wird von denjenigen, die Ruhe und ein wahres Stückchen Spanien suchen und finden, außerordentlich gut angenommen. Auskunft zu aktuellen Unterkünften in Landhäusern (Casas Rurales) geben die Touristeninformationen. Für die Unterkunft muß man pro Person und Tag mit rund 2 000 bis 2 500 Pesetas inklusive Frühstück und Steueraufschlag rechnen.

Hier ein Überblick über die bislang eröffneten Häuser (zuerst wird der Ort genannt):

- Anguiano. Casa Llaría. Tel. 37 70 25.
- Berceo. Casa Gonzalo. Tel. 37 31 32 und 25 74 15.
- Berceo. Casa Llorente. Tel. 37 31 06 und 22 65 78.
- Berceo. Casa Nestázar. Tel. 37 32 17.
- El Rasillo. Casa Cospedal. Tel. 46 21 37.
- Villavelayo. Casa Cobarajas. Tel. 37 81 28:

Medien

Die wichtigsten Zeitungen in der Region sind »La Rioja« und »El Correo Español« mit seiner Rioja-Ausgabe. Die beliebtesten Radiokanäle heißen Radio Rioja, Antena 3, Radio Cadena Española, Radio Minuto und Cadena Cope. Wer fundierte Informationen benötigt, wendet sich an die jeweiligen Presseabteilungen des Rathauses (Avenida de la Paz, 11, Logroño), der Regierung (Muro de la Mata, 3, Logroño), der Autonomen Gemeinschaft (Vara de Rey, 3, Logroño) und der Unternehmervereinigung (Hermanos Moroy, 8, Logroño).

Museen und Kunsthistorische Bauwerke

Die Öffnungszeiten von privaten und staatlichen Museen sowie von kunsthistorischen Bauwerken – dazu rechnen Klöster, Kirchen, Kathedralen und Burgen – sind nicht einheitlich. Generell kann man davon ausgehen, daß solche Besuchsziele montags geschlossen haben und ansonsten zwischen 10 und 14 Uhr geöffnet sind. Meist werden nach der langen Siesta-Zeit die Tore nochmals am frühen Abend geöffnet. In den Wintermonaten kann es vorkommen, daß manche Bauwerke gar nicht für die Öffentlichkeit zugänglich sind.

Hier ein kleiner Überblick über die wichtigsten Museen in der Rioja:

- Provinzmuseum von Logroño (Museo Provincial de Logroño). Plaza San Augustín, Logroño.
- Diözesanmuseum der Kathedrale von Calahorra (Museo Diocesano de la Catedral de Calahorra). Besuche sind nur in Absprache mit den Verantwortlichen möglich. Man fragt in Calahorra am Paseo de las Bolas 1 nach.

- Gemeindemuseum von Calahorra (Museo Municipal de Calahorra). Calle Angel Pérez Oliván, Calahorra.
- Museum des Klosters von Cañas (Museo del Monasterio de Cañas).
- Museum des Klosters Yuso (Museo del Monasterio de Yuso). In San Millán de la Cogolla.
- Museum von Nájera (Museo de Nájera). Plaza de Navarra, Nájera.
- Pfarrmuseum von Ezcaray (Museo Parroquial de Ezcaray).
- Pfarrmuseum von San Román de Cameros (Museo Parroquial de San Román de Cameros).

In Logroño dürften für den einzelnen auch die auf Rioja-Themen spezialisierte Bibliothek (Calvo Sotelo, 15), das Historische Provinzarchiv (Rodríguez Paterna, 8) und das Archiv der Diözese (Avenida de la Paz, 114) interessant sein.

Öffnungszeiten

Behörden sind in der Regel montags bis freitags zwischen 9 und 14 Uhr geöffnet. Dies gilt z.B. auch für Postämter und Touristenbüros. Eine allgemeine Richtlinie gibt es in bezug auf Nachmittags- und Samstagsöffnungszeiten nicht: Postämter in kleineren Städten haben nachmittags häufig geschlossen, doch samstags vormittags geöffnet. Gleiches gilt für die Touristenbüros. In größeren Städten kann man davon ausgehen, daß Post und Touristeninformation auch nachmittags (an Wochentagen) zwischen 16 und 19 Uhr öffnen.

Hinsichtlich der Museen muß man generell damit rechnen, daß sie sonntags nachmittags und montags geschlossen sind. Die großen Telefonzentralen sind zumeist zwischen 8.30 und 13.30 Uhr sowie zwischen 16.30 und 22 Uhr zugänglich.

Allgemein gilt: erhoffen Sie sich nichts während der spanischen Siesta! Siesta ist ein dehnbarer Begriff. Ich empfehle den Abschluß sämtlicher Erledigungen bis 13.30 Uhr und nach 16.30 Uhr.

Im Vergleich zwischen Sommer- und Wintermonaten kann es überall zu Verschiebungen von Öffnungszeiten kommen, die mit dem Klima zusammenhängen. Im Sommer wird die Siesta-Zeit aufgrund der hohen Temperaturen noch um eine Stunde verlängert; danach bleiben Geschäfte, Museen etc. entsprechend noch eine Stunde länger geöffnet.

Orientierung in der Stadt

Fremdenverkehrsämter geben in der Regel jene Broschüren gratis ab, in denen sich ein Stadtplan befindet. Für den groben Überblick reicht dies aus, aber ein Straßenverzeichnis haben solche Pläne nicht. In Buchläden und an (Zeitungs-)Kiosks bekommt man meist detaillierte Stadtpläne, deren Preis um 300 bis 400 Pesetas liegt. Man fragt dort am besten nach dem »plano callejero«, dem Straßenplan.

Folgende Straßenbezeichnungen kommen vor:»

paseo« (Promenade), »calle« (Straße), »avenida« (größere Allee, meist mehrspurige Straße), »plaza« (Platz), »callejón« (Gasse) und »carretera« (Straße im Sinn von Landstraße). Daneben tauchen häufig die Begriffe »urbanización« (Wohnviertel), »casco viejo« oder »casco antiguo« (Altstadtviertel) und »barrio« (Stadtviertel) auf. Auch in unserem Buch stößt man bei Adressenangaben auf das verbreitete Kürzel »s/n«. Dies steht für »sin número«, ohne Hausnummer; man muß sich durchfragen.

In einer Stadt wie Logroño bilden die Türme der Kathedrale und die Plaza del Mercado signifikante Orientierungsmarken in der Altstadt; der Rand des historischen Statviertels ist von der Espolón-Promenade begrenzt. In spanischen Städten – auch in **Logroño** – stößt man allgemein in der Altstadt auf die preiswertesten Unterkünfte. Dies gilt in Logroño insbesondere für den Bereich um die Calle San Juan.

Pilgerherbergen

Zu vergleichsweise günstigen Preisen können Jakobswegpilger – und nur jene, die den berühmten »Camino de Santiago« mit Muskelkraft bewältigen – in einer Pilgerherberge (Albergue de Peregrinos) übernachten. Hier ein kleiner Überblick über diese Übernachtungsstätten in der Rioja:

- Azofra. Die für maximal 16 Personen bestimmte Einrichtung ist an die Pfarrkirche angeschlossen (dort nachfragen).
- Logroño. Calle Rauvieja, 32. Tel. 26 02 34. Die 1993 eröffnete Herberge bietet höchstens 70 Pilgern Platz.
- Nájera. Ebenfalls 1993 ist im Kloster Santa María La Real eine kleine Stätte eingerichtet worden.
- Navarrete. Wer in der kleinen Herberge in Navarrete nächtigen will, muß beim Pfarramt in der Calle de la Cruz vorstellig werden.
- San Millán de La Cogolla. Tel. 37 30 49. Maximal zwölf Pilger finden in dieser Herberge hinter den Mauern des Yuso-Klosters eine ansprechende Bleibe.
- Santo Domingo de la Calzada. Calle Mayor, 42. Diese Herberge wird als eine der schönsten längs des gesamten Jakobsweges gerühmt. Hier befinden sich ein Informationsbüro für Pilger und der Sitz der Pilgerzeitschrift »Peregrino«.

Pilger-Organisation

Angeregt durch Zusammenschlüsse der »Freunde Santiagos« in westeuropäischen Nachbarländern, ergriff der Aachener Heinrich K. Bahnen im Jahre 1987 die Initiative zur Gründung der Deutschen St. Jakobus-Gesellschaft e.V. Es handelt sich um eine bundesweite, überkonfessionelle Vereinigung aller an der Pilgerfahrt Interessierten.

Die Gesellschaft hat sich die Förderung der Pilgerfahrt nach Santiago de Compostela zum Ziel gesetzt. Es gilt, Material wissenschaftlich aufzuarbeiten und qualifizierte Forschungsbeiträge zu leisten. Es geht um Information und Beratung, europäische Zusammenarbeit und kulturelle Beiträge.

Informationen über die Deutsche St. Jakobus-Gesellschaft erhält man unter folgender Adresse: Wilhelmstraße 50-52, 52070 Aachen. Telefon 0241-47 901 27, Fax 0241-47 902 22.

Post

Wichtig zu wissen ist, daß die Post (»correo«) nichts mit der Telefonzentrale (»Telefónica«) zu tun hat.

Postämter haben in der Regel montags bis freitags zwischen 9 und 14 Uhr geöffnet, in größeren Städten und Orten ggf. auch nachmittags zwischen 16 und 19 Uhr. Meist ist ein Postamt auch samstags vormittags von 9 bis 13 Uhr geöffnet. Allgemein gibt es bei den Ämtern einen Schalter für Postlagernd-Sendungen (»lista de correros«); hier-

Stadt Enciso

hin kann man sich Post nachsenden lassen. In Spanien habe ich damit gute Erfahrungen gemacht. Beim Abholen muß man Paß oder Personalausweis vorzeigen. Für Briefeschreiber gilt, den Namen des »lista«-Empfängers deutlich zu schreiben (Druckschrift und unterstreichen).

Postsendungen von Deutschland nach Nordspanien und umgekehrt sind durchschnittlich eine Woche unterwegs. Aufgrund einiger schlechter Erfahrungen muß ich davon abraten, Päckchen oder Pakete von oder nach Spanien zu schicken.

Briefmarken bekommt man nicht nur beim Postamt, sondern auch in Tabakläden. Dies erspart mitunter Schlangestehen. Wer mit dem Postsparbuch unterwegs ist, muß die Postsparkasse (»Caja Postal«) aufsuchen; nur in wenigen Fällen ist ein »Caja-Postal«-Schalter im Postgebäude untergebracht. Die Postsparkasse hat die gleichen Öffnungszeiten wie die Post.

Das Hauptpostamt in Logroño befindet sich zwischen den Straßen Portales und San Augustín.

Reisekasse

Die Preise sind in den zurückliegenden Jahren auch in Spanien stark gestiegen. Zum Teil ist dieser Anstieg – aus deutscher Sicht – durch die mehrmalige Abwertung der Peseta gegenüber der DM aufgefangen worden. Dennoch sind die Lebenshaltungskosten in etwa mit denen in Deutschland vergleichbar. Nordspanien ist dabei noch um einige Prozent teurer als Südspanien.

In einer Pension mit Basisansprüchen muß man mit einem Preis ab 3000 Pesetas pro Nacht im Doppelzimmer (ohne Frühstück) rechnen. In Drei-Sterne-Hotels beläuft sich der Übernachtungspreis auf durchschnittlich 11000 Pesetas pro Nacht im Doppelzimmer (auch hier ohne Frühstück). Hinzu kommt in den Übernachtungsstätten meist noch der steuerliche Aufschlag.

Hinsichtlich des Transports muß man für 100 Buskilometer um die 1 000 Pesetas einkalkulieren. Die Benutzung einer gebührenpflichtigen Autobahn (»autopista«) ist fast schon ein Luxus, denn für 100 Streckenkilometer werden umgerechnet zwischen 20 und 25 Mark verlangt.

Die Restaurantpreise sind in diesem Teil Spaniens oft höher als in Deutschland, während der Konsum in Bars häufig billiger ist. Preiswerte Speisemöglichkeiten bieten in der Regel China-Restaurants.

Im Vergleich zu Deutschland halten sich die Alltagskosten für Lebensmittel in etwa die Waage. Stangenweißbrot ist billiger, Butter teurer, und Milch und Obst sind im Preis vergleichbar.

Dienstleistungen jedweder Art stehen in der Regel in Spanien auf niedrigerem Preisniveau. Eintritts-, Zeitungs- und Buchpreise sind in etwa gleich; Kino ist billiger.

Reisezeit

Ich empfehle, diesen Teil des spanischen Binnenlandes im Frühjahr, Sommer oder Herbst zu bereisen. La Rioja während der Zeit der Weinernte im Spätsommer bzw. Frühherbst ist natürlich sehr interessant. Wen es in den Wintersportort Ezcaray zieht, sollte selbstverständlich in den Wintermonaten kommen.

Mit Niederschlägen muß man in jenem Teil Spaniens immer rechnen. In der Statistik sind die Monate Juni, Juli, August und September als die regenärmsten verzeichnet. Die mittleren Tagestemperaturen in der Rioja und Logroño liegen bei etwa 23 Grad im Juli und 20 Grad im September. Im August kann die Quecksilbersäule stundenweise an die 40-Grad-Marke reichen.

Studentenrabatte

Die Vorlage des internationalen Studentenausweises hilft dann Geld sparen, wenn es um Eintritt für kulturelle Veranstaltungen geht. Man kann einen Preisnachlaß von bis zu 50 Prozent erhalten.

Keinen Studentenrabatt gibt es in der Regel beim Einlaß in Museen, Höhlen, Kinos, geschichtlich und kunstgeschichtlich interessante Bauwerke sowie bei Stierkampf- und Sportveranstaltungen. In staatlichen Museen des Baskenlandes wird meist kein Eintrittsgeld erhoben.

Für Zug und Bus gibt es in Spanien keine speziellen Studententarife. Die spanischen Studentenreisen (T.I.V.E.) bieten allerdings Bahnreisen ins Ausland sowie Linienflüge der spanischen Luftfahrtgesellschaft »Iberia« ins Ausland zu bis zu 60 Prozent ermäßigten Preisen an, wobei allerdings der Rückflug fest gebucht werden muß.

Büros der »T.I.V.E.«, in denen auch internationale Studenten- und Teacherausweise ausgestellt werden, gibt es in der Regel in jeder größeren Stadt. Die wichtigsten Büros befinden sich in Madrid (José Ortega y Gasset, 71-3; 28006 Madrid; Tel. 91-40 190 98) und Barcelona (Gran Vía de las Cortes Catalanes, 615; 8007 Barcelona; Tel. 93-30 206 82).

Telefonieren

Obgleich sich die Qualität der Telefonverbindungen von Spanien in mitteleuropäische Länder wie Deutschland in jüngster Zeit verbessert hat, ist es immer noch nicht die reinste Freude von öffentlichen Fernsprechkabinen aus in die Heimat zu telefonieren. Oftmals bleiben die Verbindungen schlecht – auch bei Telefonaten im Inland und sogar innerhalb derselben Provinz. Die Spanier selbst fluchen häufig genug über die »Telefónica«. Angenehmer als von öffentlichen Fernsprechzellen telefoniert es sich von Telefonzentralen aus. Diese haben in der Regel täglich, außer an Sonn- und Feiertagen, von 9 bis 13 und von 17 bis 21 (manchmal auch 22) Uhr geöffnet. Dies bedeutet, daß sie schließen, bevor der preiswerte Tarif ins Ausland (nach 22 Uhr) einsetzt. Wissenswert ist, daß Telefonämter mit der Post nichts zu tun haben. In La Riojas Hauptstadt **Logroño** befindet sich die Telefonzentrale zwischen den Straßen Portales und San Augustín.

Die Mindest-Tarife liegen lokal bei 15 und international bei 250 Pesetas. Doch mit diesen Werten läßt sich nicht lange telefonieren, sofern nicht die erste eingeworfene Münze ohnehin im Schlitz steckengeblieben ist. In Telefonzellen sollte man zum Nachwerfen immer Kleingeld bereit halten; Telefonkarten sind noch nicht verbreitet. Wenn es denn funktioniert, kündigen kurze Pfeiftöne das nahende Ende des Gesprächs an.

In Bars befinden sich oft Telefonautomaten mit Digitalanzeige, doch der Lärmpegel im Hintergrund ist stets beachtlich. Wichtige Telefonnummern sind die 003 (Information und Auskunft national), 9198 (Auskunft international; Europa) und 009 (Vermittlung).

Bei Auslandsgesprächen ab Spanien wählt man die 07, wartet den Pfeifton (Freizeichen) ab, wählt die Landeskennzahl (Deutschland 49, Österreich 43, Schweiz 41), dann die Ortsnetzvorwahl ohne Null zu Beginn, danach die Teilnehmernummer.

Bei Telefonaten nach Spanien (Landeskennzahl 34) aus dem Ausland läßt man bei der Provinz-Vorwahl die Anfangs-Neun weg. Wichtig zu wissen: relevant ist immer nur die Vorwahl der Provinz; Städte oder Orte haben keine gesonderte Vorwahl.

La Rioja hat die telefonische Vorwahl 941. Hier nun einige weitere wichtige spanische Vorwahlnummern:

Navarra 948
Baskenland-Provinz Araba/Alava 945
Baskenland-Provinz Biskaia/Vizcaya 94
Baskenland-Provinz Guipuzkoa/Guipúzcoa 943
Aragón-Provinz Zaragoza 976
Aragón-Provinz Huesca 974
Cantabria 942
Provinz Burgos (Castilla y León) 947
Provinz Soria (Castilla y León) 975
Madrid 91
Barcelona 93

Thermalbäder

Die beiden Orte **Arnedillo** und **Cornago** sind gleichermaßen bekannt für ihre Thermalquellen. Im Kurbad von Arnedillo finden Erholungsbedürftige das ganze Jahr über ein Thermalbekken mit bis zu 52 Grad heißem natriumchloridhaltigem Wasser sowie Moorbäder. 40 Einzelbäder stehen zur Verfügung. Empfohlen werden die Bäder im etwa 650 Meter hoch gelegenen Arnedillo bei Rheuma, Ischias und Knochenverletzungen. Vor Ort befinden sich die Hotels Balneario (280 Betten) und El Olivar (85 Betten). Ansonsten findet man auch Unterkünfte im rund zwölf Kilometer entfernten **Arnedo**. Hauptsaison im Badeort ist zwischen Anfang Juni und Mitte Oktober.

Cornago ist ein etwa 900 Meter über dem Meeresspiegel gelegener Ort im Südosten der Rioja. In der Thermalbadeanstalt La Pazana verschafft das schwefelhaltige Wasser Linderung bei Hautkrankheiten sowie bei gesundheitlichen Problemen mit Blutkreislauf und Atemwegen. Die Saison dauert vom 1. Juli bis zum 25. September. Übernachtungsmöglichkeiten bestehen in der Fonda Jesús Hurtado Pastor.

Touristeninformation

Die spanischen Fremdenverkehrsämter im Ausland und die nationalen Informationsbüros (Oficinas de Turismo) sind in der Regel großzügig bei der Abgabe von oft kostenlosem Material. Standard sind die ausklappbaren Broschüren zu den Regionen; die Broschüre zu La Rioja ist auch in deutscher Sprache abgefaßt. Für Wanderfreunde, die mit dem Spanischen vertraut sind, erweisen sich die Büchlein »El Camino de Santiago en La Rioja« (Jakobsweg) und »Senderos de Gran Recorrido – Sierras de La Rioja« (Fernwanderweg und Nebenstrecken) als äußerst nützlich. Turespaña hat das kleine Buch »Ausflüge durch Spanien – Navarra, La Rioja und das Grüne Spanien« herausgegeben (Autorin: Mercedes Reig).

In Deutschland, Österreich und der Schweiz kann man bei folgenden Stellen Informationsmaterial anfordern:

- Spanisches Fremdenverkehrsamt. Kurfürstendamm 180, 10707 Berlin. Tel. 030-88 265 43, Fax 030-88 266 61.
- Spanisches Fremdenverkehrsamt. Grafenberger Allee 100, 40237 Düsseldorf. Tel. 0211-68 039 80, Fax 0211-68 039 85.

- Spanisches Fremdenverkehrsamt. Myliusstraße 14, 60323 Frankfurt am Main. Tel. 069-72 50 33 und 72 50 38, Fax 069-72 53 13.
- Spanisches Fremdenverkehrsamt. Postfach 15 19 40, 80051 München. Tel. 089-53 01 58, Fax 089-53 286 80.
- Spanisches Fremdenverkehrsamt. Rotenturmstraße 27, Wien.
- Spanisches Fremdenverkehrsamt. Seefeldstraße 19, Zürich.

Touristeninformation in La Rioja

Die jeweils Verantwortlichen eines Informationsbüros (Oficina de Turismo) zeigen sich nach meinen Erfahrungen bemüht und hilfsbereit. Allgemein wird man mit Material gut versorgt. Hier ein Überblick über die Touristeninformationen in La Rioja:

- Arnedo. Palacio de la Baronesa. Tel 38 31 64.
- Calahorra. Calle Mayor, 24.
- Haro. Plaza de San Augustín, 2 (Centro Iniciativas Turísticas). Tel. 31 27 26.
- Logroño. Miguel Villanueva, 10. Tel 29 12 60, Fax 29 13 39.
- Nájera. Calle El Carmen s/n. Tel. 36 16 25.
- San Millán de la Cogolla. Monasterio de San Millán. Tel. 37 30 49.
- Santo Domingo de la Calzada. Casa Trastámara Mayor, 74. Tel. 34 33 34.

Verkehrsverbindungen

Die Rioja ist in zufriedenstellendem Maße an Straßen-, Bus- und Bahnnetz innerhalb Spaniens angeschlossen. Die Entfernungen zu großen Städten und Metropolen halten sich im Rahmen. Ich nenne einige Beispiele an der Hauptstadt **Logroño**: Barcelona 468 km, Bilbao 112 km, Burgos 115 km, Madrid 335 km, Pamplona 88 km, San Sebastián 170 km und Zaragoza 172 km. Die schnellste Autobahnverbindung besteht auf der gebührenpflichtigen A-68 von Logroño nach Bilbao und in die entgegengesetzte Richtung nach **Zaragoza**. Es bestehen ab der genannten Autobahn folgende Autobahnanschlüsse: A-1 Miranda-Burgos-Madrid, A-2 Zaragoza-Vendrell, A-7 Vendrell-Alicante, A-7 Vendrell-Barcelona-La Junquera, A-8 Bilbao-San Sebastián und A-15 Tudela-Pamplona. Bekannte Städte sie **Pamplona** und San Sebastián sind vergleichsweise problemlos auf den Nationalstraßen zu erreichen, und viele Besucher der Rioja reisen im eigenen Fahrzeug über diese Achsen ein. Bei der Reiseplanung ist San Sebastián bzw. die von dort aus nahegelegene französisch-spanische Grenze bei Hendaye/Irún verkehrsstrategisch sehr wichtig. Dort laufen die Fäden zusammen und auch in Richtung Paris/Belgien/Deutschland bzw. Navarra/La Rioja auseinander.

La Riojas wichtigste Stadt Logroño ist auf der Eisenbahnschiene mit Madrid, Barcelona, La Coruña, Vigo, Bilbao, Zaragoza und Miranda de Ebro verbunden. Der Bahnhof befindet sich in Logroño an der Plaza de Europa.

Im Autobus ist Logroño innerhalb Spaniens von folgenden Städten aus erreichbar: San Sebastián, Pamplona, Burgos, Vitoria, Soria, Madrid, Zaragoza, Santander, Zamora/Barcelona und Bilbao. Komplizierter wird es mit dem Flugzeug, denn die nächstgelegenen Flughäfen befinden sich in Bilbao, Vitoria und Pamplona. Ab Bilbao besteht eine internationale Flugverbindung nach Frankfurt am Main.

Für die Region La Rioja ist es aus gewisser Sicht sicher von Vorteil, daß sie nicht ganz so leicht erreichbar ist. Urlauberströme fallen hier glücklicherweise nicht ein; vom La-Rioja-Reisenden muß man auch ein Maß an »Pioniergeist« erwarten können. Was bei schneller Erreichbarkeit von Zielgebieten passieren kann, wird uns noch heute anhand von spanischen Beispielen wie Benidorm, Salou und Torremolinos vor Augen geführt. In der Rioja ist es in vielerlei Hinsicht anders.

Vgl. dazu auch unter dem Stichwort »Anreise mit dem Auto«.

Wandern und Bergsteigen

Liebhaber einer vielfach unberührten Kultur- und Naturlandschaft sind in der Rioja meist gut aufgehoben. Wanderer und Bergsteiger kommen vor allem in der Sierra de Cameros auf ihre Kosten. Der nordspanische Radsportheros Miguel Induráin hat auch für einen gewissen Boom unter den Pedalrittern gesorgt; mittlerweile gibt es ein eigenes Buch zu Mountainbike-Touren in der Sierra de la Demanda.

Wer wandern möchte, sollte sich entweder am Jakobsweg oder am bekannten Rundwanderweg GR-93 orientieren, welcher zwischen Ezcaray und Cornago verläuft; zu beiden Touren vgl. die entsprechenden Kapitel im Hauptteil des Buches.

Wichtige Adressen und Telefonnummern

Für die gesamte Region La Rioja gilt die auswärtige telefonische Vorwahl 941. Die folgenden Angaben beziehen sich ausschließlich auf Logroño:

- Busstation (Estación de Autobuses). Avenida de España, 1. Tel. 23 59 83.
- Bahnhof (Estación Renfe). Plaza de Europa. Tel. 24 02 02. Ein Tikketverkaufsbüro befindet sich in der Calvo Sotelo 13.
- Örtliche Polizei (Policía local). Tel. 092.
- Feuerwehr (Bomberos). Tel. 22 59 59.
- Rotes Kreuz (Cruz Roja). Tel. 22 22 22.
- Krankenhaus (Hospital General). Tel. 29 11 94.
- San-Millán-Krankenhaus (Hospital San Millán). Tel. 29 45 00.
- San-Pedro-Krankenhaus (Hospital San Pedro). Tel. 29 45 25.

Wintersport

Der Wintersportort **Valdezcaray** hat über die Grenzen der Region hinaus Bekanntheit erlangt. Valdezcaray ist in der **Sierra de la Demanda** gelegen und von **Santo Domingo de la Calzada** aus erreichbar. Informationen zu Strecken, Pisten und Schneehöhe erhält man in dem Örtchen **Ezcaray** in der Avenida de Navarra 11.

Im Bereich Ezcaray/Valdezcaray kann man sich Material ausleihen. Es gibt eine Skischule und im gesamten Bereich elf Lifte. Annähernd 20 Pisten präsentieren sich in verschiedenen Schwierigkeitsgraden und sind zwischen 200 und 2 500 Meter lang.

Als zweitwichtigste Wintersportzone in der Rioja zählt **Hoyos de Iregua** im Gemeindebezirk von **Villoslada de Cameros**. Man befindet sich dort im Süden der Rioja in der **Sierra de Cameros** und somit rund 65 Kilometer von der Hauptstadt Logroño entfernt.

Literatur

Appleby, Paul: Den Dinosauriern auf der Spur. Würzburg 1991.

Arizaleta Urarte, José Antonio: Los Espacios Naturales de La Rioja. Logroño 1991.

Asociación de la Prensa de La Rioja: Guía de Comunicación. Logroño 1991.

Caja de Ahorros de La Rioja (Hg.): Historia de La Rioja (drei Bände). Logroño 1983.

Caja Provincial de Ahorros de Logroño (Hg.): Obras Completas de Gonzalo de Berceo. Logroño 1977.

Casas Sainz, Antonio M. und Muñoz Jiménez, Arsenio: Guía geológica de Valle del Cidacos. Logroño 1993.

Centro Europeo de Información y Promoción del Medio Rural (Hg.): Senderos de Gran Recorrido. Sierras de La Rioja. Logroño 1993.

Diputación de La Rioja (Hg.): La Rioja y sus Tierras. Logroño 1982.

Drouve, Andreas: Baskenland und Navarra. Moers 1993 (edition aragon).

Drouve, Andreas: Pamplona – Stadt der Sanfermines. Moers 1994 (edition aragon).

Elías, Luis Vicente: Guía de La Rioja. Madrid 1992.

Gil Valgañón, J. L. und Pérez Saenz, M.: Guía de la Artensanía en La Rioja. Logroño 1987.

Gobierno de La Rioja (Hg.): La Rioja Turística. Datos profesionales. Logroño 1993.

Gobierno de La Rioja (Hg.): El Arte de vivir. Logroño 1989.

Gobierno de La Rioja (Hg.): El Camino de Santiago en La Rioja. Logroño 1993.

Johnson, Hugh: Der kleine Johnson für Weinkenner. Informationen über 6 000 Weine, zu Jahrgängen und Trinkreife. Jährlich neue Auflagen.

Moratalla García, Joaquín u.a.: Yacimientos Paleoicnológicos de La Rioja. Huellas de Dinosaurios. Logroño 1988.

Muntión, Carlos u.a.: Guía de Fiestas de La Rioja. Sorzano und Logroño 1988.

Palacios Sánchez, Juan Manuel: Historia del Vino de Rioja. Logroño 1991.

Pascual Corral, Javier u.a.: 1892 – 1992. Estación Enológica de Haro. Cien Años de Historia. Logroño 1992.

Reig, Mercedes: Navarra, La Rioja und das grüne Spanien. Madrid 1989.

Reiner, Ernesto: Viaje por el Cameros Viejo. Logroño 1984.

Rincón, Manuel: Andar por la Sierra de la Demanda. Madrid 1990.

Zallinger, Peter: Dinosaurier und andere Tiere der Vorzeit. Hamburg 1987.

Zum Autor

Andreas Drouve, Jahrgang 1964, ist vom Ibero-Virus befallen und wohnt derzeit in Nordspanien. Seine Frau Cristina stammt aus Pamplona. Andreas Drouve ist promovierter Germanist und Völkerkundler. Er arbeitet als Journalist und Reisebuchautor. In der edition aragon sind von ihm folgende Titel erschienen:

- Costa Rica (3. Auflage 1995)
- Baskenland und Navarra (1993)
- Kuba (2. Auflage 1996)
- Argentinien (1994)
- Reiseland Sri Lanka (1994)
- Reiseland Chile (2. Auflage 1995)
- Pamplona – Stadt der Sanfermines (1994)
- Dominikanische Republik (1997)
- Reiseland Honduras (1997)

Personen- und Sachregister

Ortsregister

Reiseführer

Werner Strasdat
Dublin
160 Seiten, Paperback
DM/SFr 24,80 · ÖS 181,00
20 Abb., davon 4 farbig, 10 Karten und Skizzen
ISBN 3-89535-057-5

Thomas Kliem
Toronto
Stadtführer, 144 Seiten, Paperback
DM/SFr 24,80 · ÖS 181,00
25 Abb., davon 4 farbig, 14 Karten
ISBN 3-89535-049-4

Ullrich-Jürgen Schönlein
Dordogne
144 Seiten, Paperback
DM/SFr 19,80 · ÖS 145,00
20 Abb., davon 4 farbig, 6 Karten und Skizzen
ISBN 3-89535-060-5

Ullrich-Jürgen Schönlein
Kreta
180 Seiten, Paperback
DM/SFr 24,80 · ÖS 181,00
34 Abb., davon 6 farbig, 9 Karten und Skizzen
ISBN 3-89535-052-4

Reiseführer

Martina Kraus
Texas
140 Seiten, Paperback
DM/SFr 24,80 · ÖS 181,00
19 Abb., davon 3 farbig, 8 Karten und Skizzen
ISBN 3-89535-051-6

Eberhard Schmitt
Djerba und Südtunesien
240 Seiten, Paperback
DM/SFr 29,80 · ÖS 218,00
36 Abb., davon 4 farbig, 16 Karten und Skizzen
ISBN 3-89535-059-1

Marga Günther/Gerald Heinbuch
Guinea
136 Seiten, Paperback
DM/SFr 29,80 · ÖS 218,00
33 Abb., davon 5 farbig, 5 Karten
ISBN 3-89535-048-6

Eberhard Schmitt
Nord-Tunesien
300 Seiten, Paperback
DM/SFr 36,00 · ÖS 263,00
32 Abb., davon 4 farbig, 27 Karten und Skizzen
ISBN 3-89535-044-3

La Rioja

Spaniens Weinregion

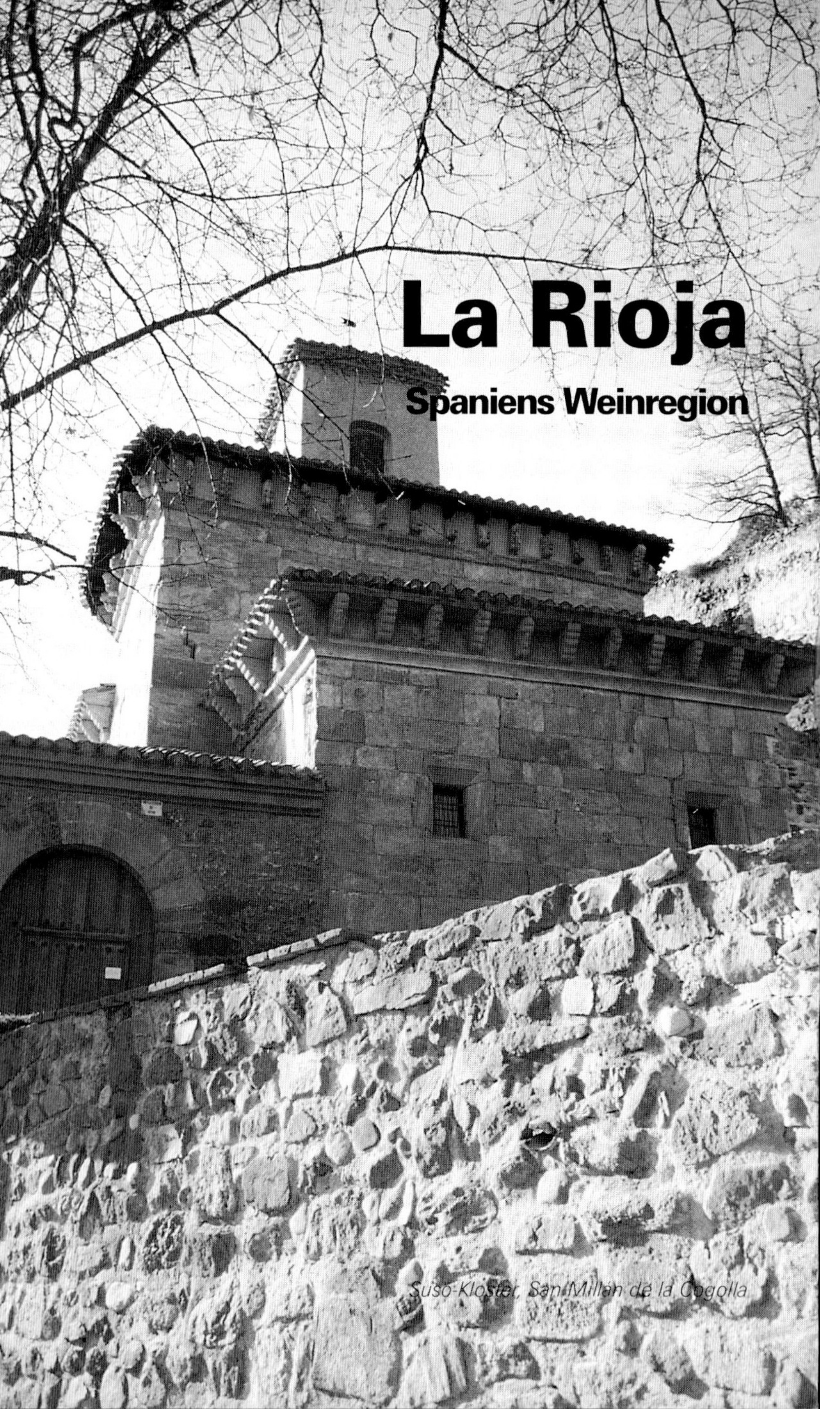

Suso-Kloster, San Millán de la Cogolla